Susanna Rubinstein

Eine Trias von Willensmetaphysikern: Populär-philosophische Essays

Rubinstein, Susanna: Eine Trias von Willensmetaphysikern: Populär-philosophische Essays
Hamburg, SEVERUS Verlag 2010.
Nachdruck der Originalausgabe, Leipzig 1896.

ISBN: 978-3-942382-70-0
Druck: SEVERUS Verlag, Hamburg, 2010
Textbearbeitung: Esther Gückel

Bibliografische Information der Deutschen Nationalbibliothek:
Die Deutsche Nationalbibliothek verzeichnet diese Publikation in der Deutschen Nationalbibliografie; detaillierte bibliografische Daten sind im Internet über http://dnb.d-nb.de abrufbar.

SEVERUS Verlag

Widmung.

Euch, meinen Lieben, die Ihr mir einer nach dem Andern in das Schattenreich vorangegangen seid, geweiht.

Inhalt.

E. v. Hartmann's Philosophie des Unbewussten.

Eduard v. Hartmann, der hervorragendste der Willensmetaphysiker und derjenige, dessen Namen am weitesten über das Culturbereich leuchtet und der den grössten Anhang hat, ist nach seiner Autobiographie (in Studium und Aufsätze, Berlin 1876) im Jahre 1842, als das einzige Kind eines Artillerie-Hauptmanns in Berlin geboren. Während seiner Gymnasialzeit pflegte er, offenbar mit ernster Hingebung, auch Musik und Malerei. Nach absolvirtem Gymnasium konnte er sich hauptsächlich deshalb nicht zum Universitäts-Studium entschliessen, weil ihm die etwas zu weit gehende studentische Ungebundenheit unleidlich war. So entschied er sich für den disciplinstrengen und strammen Militärstand. Ein lokales motorisches Leiden versetzte ihn in die traurige, aber für seine jetzige Bedeutung doch segensvolle Nothwendigkeit, als Premierlieutnant Abschied zu nehmen. Darauf kamen einige ergreifend schwere Jahre, in denen sich die Hemmung des Leidens bei allen Unternehmungen fühlbar machte, und ihn auch nöthigte, das Streben auf beiden Kunstgebieten aufzugeben. Es klingt fast unglaublich, dass Hartmann im jugendlichen Alter von 22 Jahren die „Philosophie des Unbewussten" zu schreiben begann, in welcher eine so grossartige Tiefe und Kraft des speculativen Construirens, ein solch mächtiger Reichthum naturwissenschaftlicher Kenntnisse und eine solche scharfe und umfassende Zergliederung des Lebenswerthes niedergelegt ist. In der zweiten Hälfte dieses Jahrhunderts machte nach Darwin's „Entstehung der Arten" kein naturwissenschaftlich-speculatives Werk ein solches Aufsehen, wie die „Philosophie des Unbewussten"*). Die durchsichtige Klarheit und der Duft der Darstellung, so wie die ausserordentliche geistige Gewandheit, mit welcher der immense Stoff durchdrungen und gegliedert ist, machten, dass das Erscheinen des Werkes auch in den Kreisen allgemein Gebildeter die Bedeutung eines culturellen Ereignisses gewann.

Als einige Jahre darauf die bedeutende und geistvolle Schrift: „Der Pessimismus und seine Gegner" von seiner ersten Gattin, Agnes Taubert, erschien, da war das Bild des doppelt beneideten Mannes vom Glanz einer seltenen harmonischen Lichtmacht umstrahlt. Bei dieser Stellung werden natürlich auch Angriffe und Kämpfe nicht ausgeblieben sein. Hartmann's Verleger, C. Heymann, gedenkt in seinem feinsinnigen Büchlein: „E. v. Hartmann, Erinnerungen aus den Jahren 1868—1881," mit warmer Würdigung, der, offenbar nicht nur allein durch hohe Geistesgaben, sondern auch durch charactervolle Weiblichkeit und tiefe Gemüthseigenschaften hervorragenden Agnes Taubert: Hartmann betont in seiner Lebensbeschreibung den Einfluss, den edle Weiblichkeit auf seinen Bildungsgang und seine Gemüthsentwickelung ausgeübt hat. Auch an weiteren verschiedenen Stellen seiner gelehrten Schriften äusserte er sich zartfühlend und würdigend über das weibliche Geschlecht; wie nachstehend: „das echte Weib ist ein Stück Natur, an dessen Busen, der dem Unbewussten entfremdete Mann sich erquicken und erheben und vor dem tiefinnersten lautern Quell alles Lebens Achtung bekommen kann; und nun diesen Schatz des ewig weiblichen zu wahren, soll das Weib vom Mann vor jeder Berührung mit dem rauhen Kampf des Lebens, wo es die bewusste Kraft zu entfalten gilt, möglichst bewahrt werden, und den süssen Naturbanden der Familie möglichst aufbehalten bleiben"**). Das hinderte aber nicht,

---

*) Erschien im Jahre 1869, bei C. Heymann, C. Dunkers Verlag, Berlin.

**) Philos. d. Unbewussten erste Ausg. p. 315 und 5. vermehrte Ausg. p. 359. In dieser fügt Hartmann noch hinzu: „Es ist nicht zu viel gesagt,

dass seine gegnerischen Ansichten über das Frauenstudium, die er in der „Phänomenologie des sittlichen Bewusstseins" und in den „Problemen" ausgesprochen, obgleich sie vollkommen objektiv gehalten sind und nichts von übelwollender Starrheit verrathen, eine Verstimmung der Frauenwelt hervorrief. Wenn Hartmann sich von einer vom Duft feinsinniger Natürlichkeit umwebten Frau mehr angezogen fühlt, als von der in ihrem Beruf aktiven, so bezieht sich dies auf sein ästhetisches und ritterliches Gefühl, doch die social-oeconomische Seite der Frage, die Existenzfrage der Frau, die keinen Mann gefunden, der sie „vor jeder Berührung mit dem rauhen Kampf des Lebens bewahrt," und den ethischen Werth der Arbeit, lässt er dabei eben so ausser Betracht, wie ein kunstsinniger und prachtliebender Fürst, der abfällig vom ehrenhaften Mühen der bürgerlichen Mitmenschen urtheilt. Es ist auch nicht jedes Argument, das er gegen die Frauenfrage geltend macht, von besiegender Kraft; wenn er z. B. sagt, dass die politische Gleichstellung der Frauen durch den Einfluss der Geistlichkeit auf dieselben „allmählig den Triumph des jesuitischen Papstthums" begründen wird (Probl. p. 39) so übersieht er es doch, dass der Einfluss der Ultramontanen nur bei der beschränkten Frau besteht und dass er bei der denkgeklärten aufhört.

Dass Hartmann dem Einfluss edler Frauen zugänglich war, liegt wohl darin, dass er, wie aus seinen Schriften ersichtlich, von Haus aus eine feingeartete und vornehme Individualität ist. Schon der Grund, weshalb er das Studentenleben mied, spricht dafür. Insbesondere legt er in den Fällen, wo er gegen Gegner kritisch auftritt (gegen Mainländer, Bahnsen etc.), neben starkem Selbstbewusstsein, auf's klarste Noblesse und das Hauptingredienz derselben: objektive Gelassenheit, an den Tag. Und Kritik ist gewiss das sicherste Kriterium des Kritikers; Denn durch nichts kennzeichnet ein litterarischer Mann so prägnant seine Individualität, als durch die Art, wie es von

---

dass für einen jungen Mann edler weiblicher Umgang weit fördernder ist, als männlicher, und in um so höherem Maasse je philosophischer der Mann veranlagt ist."

einem Buche spricht, das ihm nicht gefällt. Und durch nichts kennzeichnet eine litterarische Frau so klar ihre Individualität, als durch den Ton, mit dem sie vom Buch einer Anderen spricht, das grösseren Beifall als ihre Leistungen findet.

In seinem philosophischen Construiren verschmolz Hartmann scharfe Gegensätze; als metaphysisches Fundament verschmolz er Schopenhauer's Wille mit Hegel's Idee, und schloss sich hierdurch Schelling's späterer Philosophie an, in welcher er diese beiden Prinzipien synthetisch vereinigt fand. In seiner erkenntnistheoretisch und empirischen Weltanschauung verschmolz er Hegel's evolutionistischen Optimismus mit Schopenhauer's Pessimismus, und wurde gleichsam der Philosoph mit einem lachenden und einem weinenden Auge. Im Walten des logischen Moments, in allem Sein und in der hieraus hervorgehenden Teleologie der Weltordnung, hauptsächlich in dem mit der Logicität gesicherten Evolutionismus, ist der Optimismus begründet (Hegel's Standpunkt). Da aber die an sich friedliche und logische Idee durch den ruhelosen Willen, der sie inhaltlich umschliesst, in Kampf gehetzt wird, wodurch das Leiden entsteht, so ist damit auch der Pessimismus begründet (Schopenhauer's Standpunkt). Diese gegensätzliche Anschauung löst Hartmann in der konkreten Entscheidung auf: Die Welt ist so gut als sie sein kann, aber sie ist schlechter als keine Welt.

Hartmann geht in seinem System vom Postulate aus, dass der dumme alogische Wille, somit ein grundloser Drang, die Weltentstehung verursachte. Der Wille hat in einem Zustand, der zwischen Potenzialität und Actus die Mitte hält, durch die Unseligkeit seines leeren hungrigen Wollens, auf die ebenfalls noch im reinen latenten Sein befindliche Idee gewirkt, dass sie ins Spiel trat und ihm die Weltidee zum Inhalt gab. Beide aber, der dumme Wille, wie die logische Idee, sind Attribute des All-Einen Unbewussten; sie sind Eigenschaften des Einen subsistirenden; wären Wille und Idee getrennte Faktoren, so wäre keine Möglichkeit des Einflusses aufeinander. Wie aber der unbewusste Wille zur Empfindung der Unseligkeit kam, erscheint doppelt bedenklich; erstens formal bedenklich und dann sachlich bedenklich; das erste Bedenken ist: wie kann der an sich unbewusste Wille, das Bewusstsein seiner Unseligkeit haben? Wohl sagt Hartmann (Phil. d. Unbw. 5. Aufl. p. 403 und p. 794), dass die Nichtbefriedigung des Willens eo ipso Bewusstsein erzeuge, weil dem Willen etwas von ihm nicht gewolltes von aussen aufgezwungen wird — allein das gilt doch hier nicht, denn wäre dem Willen etwas aufgezwungen, so wäre er ja nicht mehr leer; das zweite Bedenken ist: wie kann der leere Wille Unlust empfinden durch seine Leerheit? Er erscheint dabei beiläufig wie die Unschuld, die sich nach dem Baume der Erkenntnis sehnt.

Der Wille ist unterschiedlos immer derselbe, die Idee aber, die er inhaltlich realisirt, birgt in ihrem Schooss eine Vielheit von Entwicklungsformen. Während die Idee das Prinzip der Idealität ist, ist der Wille das Prinzip der Realität und sein unbändiger Drang reisst die Idee, die an sich passiv und interesselos ist zur Bethätigung hin. Der Wille reisst die Idee als seinen Inhalt an sich, die Idee entwickelt sich aber als Erfüllung „Kraft ihres logisch formalen Moments“ (p. 808).

Während der Wille das „Dass“ der Welt setzt, also ihr Sein schlechthin, verleiht ihr die Idee das „Was“, somit die vom Willen umschlossene ideale Erscheinung. Der Wille ist daher „die Form der Causalität von Idealem auf Reales.“ Daraus geht schon hervor, dass Hartmann's erkenntnistheoretischer Standpunkt der des transcendentalen Realismus ist. Die Erscheinung ist durch den metaphysischen Willen gesetzt, aber ihrem Bilde im Bewusstsein entspricht ein reales Correlat, das unabhängig vom vorgestellten Bild in seinem So-sein besteht. Mit anderen Worten: das Ding an sich oder das Willensobjekt ist Ursache des Bildes im Bewusstsein, aber es ist in seinem Wesen und in seinem So-sein von jenem ganz verschieden, wie dies alle physikalischen Phänomene darthun, das rothe Licht oder der Ton des grossen C, sind toto coelo verschieden von der Substanz der Ätherschwingungen, die sie hervorrufen.

Alles, was ist, in seinem ganzen unermesslichen Umfang und in der ganzen unendlichen Mannigfaltigkeit der Abstufungen, wird von den zwei Faktoren: Wille und Vorstellung (unbewusste Idee)', gesetzt; das Prius beider ist aber das All-Eine Unbewusste.

Durch die Annahme eines realen Substrat's der Vorstellungen, und durch die Position der All-Einen absoluten Subsistenz, manifestirt sich Hartmann's Philosophie als konkreter Monismus. Wille und Vorstellung walten in allem Seienden. Schon in der thierischen wie pflanzlichen Zelle ist Wille und Vorstellung vorhanden; mit wie viel mehr Recht müssen erst diese Faktoren in den Ganglien des Rückenmarks und in den verschiedenen Nervencentren angenommen werden. Jedes thierische Individuum bis zum Menschen hinauf ist ein Summationsphänomen abgestufter Centren, in denen der unbewusste Wille und die unbewusste Vorstellung funktioniren. Für die betreffenden Centren sind jedoch diese Faktoren keineswegs unbewusst; sie sind vielmehr für dieselben „klarer oder dunkler bewusst.“ Dagegen sind sie für das Hirnbewusstsein, welches der Mensch ausschliesslich als sein Bewusstsein anerkennt, unbewusst. Nur im Hirnbewusstsein kommt der Mensch zum Ich und zum Selbstbewusstsein (Siehe p. 59.) Alle diejenigen Erscheinungen des physischen und psychischen Reichs, die sich einer rationellen und konkreten Erklärungsweise entziehen, und die sich theils in das Gebiet hypothetischer Suppositionen, theils sogar in das mystischer Annahmen verlieren, werden dem hellsehenden Unbewussten (das allerdings auch nicht der Mystik enthoben ist), vindicirt. So werden die wunderbaren Äusserungsweisen der psychophysischen und rein physischen Phänomene: des Instinktes, der Reflexbewegung, der Naturheilkraft und des organischen Bildens, nach der eingehendsten, auf ein imposantes naturwisssenschaftliches Wissen gestützten Erörterung dem Eingriffe des Unbewussten zuerkannt. Zur Klärung des Allgemeinbegriffes des Unbewussten, unterscheidet Hartmann (Ergänzungsband p. 300) das relativ Unbewusste, welches diejenigen Functionen und Prozesse umfasst, die unterhalb der Reizschwelle des Grosshirnbewusstseins stehen, vom absolut Unbewussten, welches das physikalisch und metaphysisch Unbewusste ist. Die Seele ist eine Ausscheidung dieses Unbewussten.

Der Instinkt, den Hartmann in Anschluss an Hegel (Encyk. § 360) als ein „zweckmässiges Handeln ohne Bewusstsein des Zwecks" definirt, kann nicht blosse Folge der körperlichen Organisation sein, weil das Paradoxon besteht, dass die Instinkte ganz verschieden bei gleicher körperlicher Beschaffenheit sind, und dass bei verschiedenen Organisationen dieselben Instinkte vorkommen; so haben alle Spinnen denselben Spinnapparat, aber die eine Art baut strahlenförmige, die andere unregelmässige Netze; und den umgekehrten Fall besagt, dass auf den Bäumen Vögel mit und ohne Kletterfüsse leben (pag. 69). Der Instinkt ist aber auch nicht „ein von Natur eingepflanzter Gehirn- oder Geistesmechanismus", denn wäre es so, dann müsste jeder Instinkt, „der einmal zum Thiere gehört, unaufhörlich functioniren; aber das thut keiner, sondern jeder wartet, bis ein Motiv an die Wahrnehmung herantritt" (p. 71). Wenn beispielsweise die Bienen wahrnehmen, dass die Waben vom Honig zu schwer geworden sind, so ersetzen sie die Wachswände der oberen tragenden Zellen durch dickere. Trotzdem aber dass der Instinkt nach einem actuellen Motiv zweckentsprechend verfährt, kann bei demselben keine bewusste Überlegung angenommen werden, da er oft weitergeht als eine solche reichen kann; so gräbt z. B. die männliche Hirschhornkäferlarve die Höhle für ihre Verpuppung noch ein Mal so gross wie die weibliche und dies behufs des ihr wachsenden Gewächs, und doch fehlt ihr „jeder Anhalt in der Gegenwart, um auf dieses zukünftige Ereigniss im voraus schliessen zu können" (p. 83.)

Da die Instinkthandlung nicht von den angeführten Faktoren (körperliche Organisation und innerer Mechanismus) ausgeht und „da sie auch nicht von einem ausserhalb stehenden Geist, etwa einer Vorsehung aufgepfropft wird", sondern da der Zweck des Instinkts unbewusst von jedem Individuum gewollt und vorgestellt wird und auch unbewusst die für den Zweck geeignete Wahl der Mittel getroffen wird, so muss geschlossen werden, dass keine andere Macht als das hellsehende Unbewusste sich in ihr documentirt.

Ganz analog ist der Vorgang bei den Reflexwirkungen. Auch diese können nicht durch eine prädeterminirte materielle Mechanik in Scene gesetzt werden. Denn diesfalls wäre der unendliche Reichtum der Bewegung, der sich den jeweiligen Umständen accommodirt, die ungemein mannigfaltigen Combinationen zur Erhaltung des Gleichgewichtes in bedrohlichen Situationen unerklärlich. Eben so wenig kann dabei eine bewusste Überlegung des Gehirns angenommen werden, weil auch hier, wie beim Instinkt, die Leichtigkeit und Sicherheit der Leistung, dem langsamen, oft verfehlten Vorgehen des reflektirenden Handelns sehr überlegen ist. Es ist also auch hier nicht anders zu denken, als dass die Zweckmässigkeit der reflektorischen Bewegung von einer individuellen Vorsehung (p. 120), das ist vom hellsehenden Unbewussten inspirirt ist.

Dasselbe Princip bethätigt sich auch in der Naturheilkraft, nur die Art der Bethätigung ist in allen diesen Erscheinungen verschieden. Aber bei der einen wie der andern Erscheinungsart handelt es sich um ein Setzen von Mitteln für einen unbewusst vorgestellten Zweck. Ausserdem ist diesen Erscheinungen gemeinsam, dass sie auf der unteren Thierstufe weit häufiger und reichhaltiger hervortreten, als bei den Säugethieren, beim Menschen sind sie vollends stark reducirt; wohl deshalb, weil bei diesem die höhere Entwicklung des Bewusstseins die Macht des Unbewussten vermindert. Bei den Reptilien ist die Heilkraft so gross, dass das Segment eines Wurmes sich zum vollkommenen Exemplar seiner Gattung ergänzt.

Ebenso wie bei allen angeführten Erscheinungen muss auch im zweckmässigen Wirken des Bildungstriebs das Hellsehen des Unbewussten constatirt werden. Das Teleologische des Bildungstriebs bewirkt es, dass das Pflanzenreich die Stoffe für die organische Materie zubereitet, welche diese erst zur Entfaltung des höheren Bewusstseins befähigt (p. 160). Unter den zahllosen teleologischen Einzelheiten, ist von besonderem Interesse der Bau des menschlichen Oberschenkels, dass derselbe eine Röhre bildet, weil er so bei gleicher Festigkeit leichter ist, war längst bekannt, es wurde aber noch entdeckt, dass er am obern und untern Ende mit Bälkchen und Streben eingerichtet ist, und dass diese Einrichtung genau mit den Grundsätzen der Mechanik für Druck- und Zugkraft übereinstimmt.

Nur die Macht des alle Fälle und Verhältnisse in Einem durchdringenden Unbewussten kann eine solche Zweckmässigkeit der Einrichtung vollbringen. Das Bemühen der Naturwissenschaft auf materiell mechanistischem Wege — aus Bewegung der Materie — die Teleologie dieser Verhältnisse zu erklären, erweist sich als höchst unzulässig. Und selbst der Matador dieser Richtung, Darwin, hat in dem Gewebe seiner Erklärungsprinzipien auch nur bedingt Verwerthbares geboten. So hoch sein Verdienst in dem Nachweis zu stellen ist, dass die bisher als starr angenommenen Artgrenzen innerhalb gewisser Grenzen der Verflüssigung unterliegen, (dass Hartmann Anhänger der Descendenztheorie ist, hängt nothwendig mit seinem Evolutionismus zusammen, der sowohl die naturgeschichtliche als culturgeschichtliche Weltseite begreift), kann jedoch nicht zugestanden werden, dass blos äussere Umstände den Einfluss besitzen, die Entstehungskeime derart zu verwandeln, dass der ganze Habitus verändert wird. Man muss hier vielmehr an eine innere (metaphysische) Ursache als den gesetzlich wirkenden Faktor denken (p. 364). Darwin's Erklärungsart ist nur insofern zu acceptiren, als in den materiellen Substraten, die subsidiären Hilfsmittel, die technischen Vermittelungsweisen für das metaphysische Hellsehen enthalten sind.

Dieser Abschnitt, der eine immense Fülle biologischer und morphologischer Einzelheiten bietet, gehört zu den durchgearbeitetsten und gehaltvollsten des Werkes; mit der reichen Übersicht der Vorgänge ist jedoch nicht eine ausreichende genetische Erklärung derselben geboten, und die Subsumtion unter dem hellseherischen Unbewussten oder unter monistischem Occasionalismus, bringt nicht mehr Klarheit über die Art und Ursächlichkeit des Eingriffes, als die Subsumtion unter einem theistischen Occasionalismus.

Es lässt sich auch kaum verkennen, dass Hartmann die Teleologie in allen diesen Partialrichtungen stark potenziert; dies wohl im Interesse seines Evolutionismus. In Bezug der Verherrlichung der Teleologie erinnert dieser Abschnitt an den Neptuntempel, in welchem nur die Namen der vom Meeresgott aus den Wellen Geretteten eingetragen waren, die er untergehn liess blieben ungenannt. So sind nicht alle Instinkte zweckdienlich und nutzbringend, wie beispielsweise der Instinkt, der bleichsüchtige Mädchen zum Genuss von Kalk, oder der die Mücken in das brennende Lampenlicht treibt. Und welcher Zweck wird durch die Reflexbewegung des Kauens der Katze beim Anblick der Maus erzielt? Und dass auch das organische Bilden nicht durchaus, nicht in der Construction aller Organe, die herrliche Zweckmässigkeit, wie beim menschlichen Oberschenkel bewährt, darüber genügt es, sich auf Helmholtz's Äusserung in der physiologischen Optik, über die mangelhafte Beschaffenheit des Auges zu berufen.

Soweit aber auch die Definition des Instinktes, als „ein zweckmässiges Handeln ohne bewussten Zweck“ Geltung behauptet, bezieht sich dies im Wesentlichen auf die somatischen Instinkte, bei den geistigen Instinkten: Todesfurcht, Scham, Mitgefühl etc. ist man sich sehr wohl des Zweckes bewusst. Hingegen ist in der Liebe, diesem dämonischen und illusionsberauschenden Instinkt, den Hartmann mit einem hinreissenden Zauber und mit einem unvergleichbaren Farbenschmelz der Beredsamkeit schildert, der Zweck für die Liebenden unbewusst; denn das, worauf es bei aller wehmüthig süssen Schwärmerei, bei allen feurigen Stürmen und lebensentsagendem Verzweifeln ankommt, ist der metaphysische Zweck der Erhaltung der Gattung.

Bei der Darlegung des Unbewussten im Gefühl, geht Hartmann von der Überzeugung aus, „dass Lust und Unlust nur intensiv quantitative, aber keine qualitative Unterschiede haben.“ Ob man Schmerz im Finger oder im Zahn empfindet, ob ein Schmerz durch Verwundung, durch Verbrennen, oder durch Erfrieren entstand, es ist immer derselbe, gleiche Schmerz.

Nur der Grad des Schmerzes ist verschieden, eine qualitative Verschiedenheit aber ist undenkbar. Wir sind gewöhnt bei der Empfindung die Sinneswahrnehmung mit einzubegreifen, sonst könnten wir z. B. beobachten, dass, wenn man sich die Haut sachte bürstet, also bei demselben qualitativen Eindruck je nach dem Grad seiner Stärke Lust oder Schmerz hinzutritt. Was aber speziell dem Schmerz an verschiedenen Stellen doch eine anders geartete Färbung verleiht, das liegt an der spezifischen Sinnesempfindung der betreffenden Stelle und der secundären Affection der benachbarten Gewebe, (somit an ähnlichen Faktoren wie bei den Lotzi'schen Localzeichen), „dadurch ist aber die Identität des Wesens des Schmerzes nicht alterirt" (p. 213).

In dieser Theorie, die allerdings befremdend erscheinen muss, hat Hartmann einen französischen Vorgänger und zwar in Maupertius. Dieser lehrt ebenfalls*), dass Lust und Schmerz nur Intensitäts-Unterschiede, aber keine Characterunterschiede besitzen. Hartmann bezieht sich aber dabei auf Wundt, der sagt (Theorie d. Sinnesempf.), dass das Wesentliche des Schmerzes identisch" sei, ob derselbe an welcher Stelle immer den Sitz habe oder von welcher Ursache immer, mechanischer oder chemischer herrühre.

Ebenso wie bei sinnlicher Lust und sinnlichem Schmerz, waltet auch bei diesen seelischen Gegensätzen qualitative Gleichheit. Ob die Frau oder das Kind stirbt, ob man das Vermögen oder die Ehre und das Amt verliert, kann nur die Intensität aber nicht die Qualität des Schmerzes verändern. Und ähnlich wie diese scheinbare Verschiedenheit der sinnlichen Lust und des sinnlichen Schmerzes, den accessorischen Faktoren, der Sinnesempfindung aus den afficirten Körperstellen zugehört, so stammt das, was bei geistiger Lust und Unlust als individuell gefärbt erscheint, aus dem speziellen Complex, der durch die Ursächlichkeit hervorgerufenen Vorstellungen.

---

*) Oeuvres de Mr. de Maupertius, Dresden, Conrad Walter, 1752. Essai d. Philos. Moral, Map. III.

Hartmann stimmt mit Maupertius — sei es bewusst oder unbewusst — auch darin überein, dass er zwischen sinnlicher und geistiger Lust und Unlust keine scharfe Grenze zieht. Maupertius sagt (a. a. O. p. 389 ff), dass die Gicht nicht allein ein körperliches Übel sei, sondern dass es sich auch in der Seele reflectire, und dass körperliche Lust und Unlust eine Summe bilde, welche das Gesammtwohl oder -Übel beeinflusste, wie anderseits die seelische Lust und Unlust eine andere Summe bilde, welche in gleicher Weise einwirke*). Und Hartmann sagt (p. 215) „auch das Sinnliche, insofern es eben Empfindung ist, ruht schon auf dem geistigen Boden der Innerlichkeit, und auch das Geistige, insoweit es das Bewusstsein erfüllt, bildet nur die Blüthe des Baumes der Sinnlichkeit, auf dem es erwachsen ist, und von dem es sich niemals losreissen kann."

---

*) Die Stelle lautet im Original wie folgt: Tous les plaisirs et toutes les peines appartiennes à l'Ame. Quelle que fut l'impression que fit un objet extérieur sur nos sens, jamais le ne serait qu'un Meauvement physique, jamais unplaisir ni une peine, si cette impression ne se faisoit sentir à l'Ame. Tous les plaisirs et toutes les peines ne sont quel es perceptions: la seule différence consist en le que les unes sont excilées par l'entremise des Objets extérieurs, les autres paroissent puissées dans l'Ame même.

. . . .

Je ne nierai point que les plaisirs et les peines du Corps ne soyent de vrais plaisirs et de vrais-ais peines: ne fassent des Biens et des Meaux. Quelque peu de rapport qu'on voye entre les perceptions de l'Ame et les mouvement qui les font naître on ne scauroit en méconnoibre la realité. Est le philosoph qui disoit que la goutte n'etait pas un mal, disoit une sottist.

. . . .

. . . .

. . . tant qu'on ne considere que l'état présent, tous les plaisirs sont du même Genre! celui qui haît de l'action la plus brutale, ne cede point á celui qu'on trouve dans la pratique da la vertu la plus épurée. Les peines ne sont pas non plus de genre different: celles qu'on ressent par l'application du fer et du feu, peuvent étre Comparées à celles qu'éprouve une Conscience criminelle. Toutes les peines, tous les plaisirs, ne sont que des perceptions de l'Ame, dout il faut seulement bien calculer l'intensité et la Durée.

Hartmann geht hier, wie bei der Verherrlichung der Teleologie vor, er ignorirt was nicht in seine Richtung stimmt, so abstrahirt er von dem erheblichen Unterschied, dass körperliche Zustände lediglich präsenter Natur sind. Die Erinnerung an die qualvollste Operation verursacht keinerlei Schmerz — während geistige Lust und Unlust sowohl in der Erinnerung als in der Voraussicht mit tausendfachen Nuancen bewegen können. Nicht minder muss der frühere Punkt: dass der Schmerz um die Gattin und um den des Kindes der gleiche sei — das Befremden begegnen, dass da doch die Verschiedenheit der Liebe zu den Beiden zugegeben werden muss, für die Verschiedenheit des Schmerzes keine grösseren Schwierigkeiten obwalten.

Hartmann fundirt die qualitative Gleichheit, bei bloss quantitativer Verschiedenheit der Lust und Unlust Stimmungen darauf, dass das allen Erscheinungen zu Grunde liegende Wollen eines und dasselbe ist und sich nur dem Stärkegrad nach unterscheidet. Das Bestreben alle Erscheinungsarten aus einem substanziellen Prinzip abzuleiten, muss unausweichlich zu mancher gewaltsamen Argumentation führen. Wenn alle Gefühlsunterschiede nur gradativer Art sind, wie schwer lassen sich solche heterogene Beschaffenheiten, wie Erbarmen und Grausamkeit erklären? Es liegt vielleicht dasselbe Quantum von Willensstärke in der barmherzigen Schwester, welche sich vom deutschen Norden nach dem versengenden Ägypten begiebt, um in den dortigen Spitälern die Leprösen zu pflegen, als es sich in den Giftmischerthaten Lukretia Borgias offenbarte, und dabei welcher Unterschied in der Gefühlsbeschaffenheit!

Ungemein schön und feinsinnig leitet Hartmann aus dem Unbewussten, das vague und unaussprechbare Nachvibriren der Gefühle ab. Es durchkreuzen sich in der Innenwelt die verschiedensten Begehrungen von denen ein Theil bewusst, ein anderer unbewusst ist. Die Lust wie der Schmerz sind aus bewussten und unbewussten Vorstellungen gemischt. „Der letztere Theil muss der Qualität des Gefühls jenen unklaren Charackter geben, jenen stets übrig bleibenden Rest, der bei aller Anstrengung niemals vom Bewusstsein erfasst werden kann.“ (p. 220). Und aus demselben Quell, immer aus dem Unbewussten, erklärt Hartmann eine andere Art unbezeichenbarer Stimmungen, nämlich diejenigen Gemüthsstimmungen, die man vor sich selbst nicht zu motiviren weiss. Aus jedem Centraltheil, das für sich Bewusstsein besitzt und der Lust und Unlust fähig ist, gehen dem Gehirn Reflexe dieser Stimmungen zu, ohne dass es den Entstehungsgrund kennt: „Je weniger sich das Gehirnbewusstsein zu einer gewissen Selbstständigkeit und Höhe emporgerungen hat, desto mehr Macht haben die aus dem relativ Unbewussten quellenden Stimmungen über dasselbe, so beim weiblichen Geschlecht mehr als beim männlichen, bei Kindern mehr als bei Erwachsenen, bei Kranken mehr als bei Gesunden.“ (p. 221).

Für die Vorgänge in den Seelentiefen, wo keine evidente Anschauung zu erreichen ist, und wo alle Poesie, der ganze ahnungsreiche Reiz, im verlorenen Ausklingen ruht, ist das Unbewusste, welches doch nur eine andere Form des Mystischen ist, ein sehr geschmeidiges Erklärungsprinzip, zumal für einen Geist, der so befähigt ist, die subtilsten und frappirendsten Beziehungen und Argumentationen aus demselben abzuleiten; hingegen erweist es sich als unzureichend für das konkrete Erfassen materieller biologischer Geschehnisse. Und so ist auch das Capitel „über das Unbewusste im Gefühle, wie nicht minder über das Unbewusste im Denken“ von eminent feinsinniger Schönheit der Exposition des psychischen Wirkens; diese Capitel sind die psychologisch bedeutendsten in der Phil. d. Unbewussten.

Dass Hartmann dem Unbewussten die höchste Bedeutung beim Kunstschaffen zuerkennt, ist selbstverständlich. Während der berufsmässige Künstler, der sich sein Können durch ausdauernde Arbeit erwarb, bei der Produktion combinirend und reflectïerend, versuchend und verwerfend vorgeht, entsteht die Conception des Genie's mit einem Male fertig in ihm, sie ist das Resultat einer plötzlichen Erleuchtung. Wie viel schwieriger ist es aber nun das Verhältniss der genialen Begabung zu den ihr sonst supponirten materiellen Correllaten: Der Energie des Herzschlags, der Windungen und der Schwere des Gehirns zu bestimmen? und hauptsächlich, welch Schwierigkeit nun die Erklärung dafür aufzubringen: warum schöpferische Genie's ausschliesslich dem männlichen Geschlecht angehören, da ja Hartmann häufig betont, dass das Unbewusste überwiegend seine Macht im Weibe entfaltet? Warum ist dann das Weib gleichwohl nicht zu grossen Kunstconceptionen befähigt? Aus der Abhängigkeit der genialen Begabung vom Einfluss des Unbewussten müsste sich die weitere Consequenz ergeben, dass mit der Ausbreitung des Bewusstseins, worin ja die Teleologie des Weltprozesses besteht, der Genie's immer weniger würden. Diese Prognose spricht übrigens auch Hartmann an einer spätern Stelle (p. 740) und in anderem Zusammenhang aus.

Im Charakter bekundet sich das Unbewusste durch die Reactionsweise auf das äussere Motiv. Auch ein und dasselbe Motiv reagirt jedes Individuum anders: für den Einen ist der Ruhm das höchste Ziel des Strebens und Sehnens, den Andern wieder lässt er gleichgültig. Der Charakter besteht somit im Reactionsmodus auf jede besondere Klasse von Motiven, und dieser Reaktionsmodus kommt aus dem Unbewussten. „Wie Spreu vor dem Winde zerstiebt oft der festeste Entschluss, der sicherste Vorsatz an der That, wo erst der wahre Wille aus der Nacht des Unbewussten hervortritt“ (ibd. p. 227).

Allein die Ursache der Verschiedenheit der Reactionsmodi auf das gleiche Motiv, somit die Ursache der Verschiedenheit, der Charaktere bei der Einheit des ihnen zu Grunde liegenden Willens zu erklären, war nicht bloss für Schopenhauer eine schwere Klippe, sie ist dies auch für Hartmann geblieben; er umschifft sie, aber er nivellirt sie nicht. „Wenn man nun eingestehen muss, dass die Erregung des Willens für uns ewig mit dem Schleim des Unbewussten bedeckt bleiben wird, so ist es nicht zu verwundern, dass wir auch die Ursachen nicht so leicht zu durchschauen vermögen, welche die verschiedene Erregungsfähigkeit der verschiedenen Begehrungen, oder die verschiedenen Reactionen des Willens verschiedener „Individuen auf dieselben Motive bedingen“ (p. 228). Während das Unbewusste sonst als erhellender Faktor vorgeführt wird, kommt hier eine entgegengesetzte Eigenschaft in Anschlag.

Vom innersten Kern des Menschen, vom Charakter, ist man dazu geführt einen Seitenblick auf die Sittlichkeit zu werfen. Über die Lehrbarkeit der Tugend wird schon seit Plato gestritten; sie ist jedoch nicht lehrbar. Keine Lehre ist im Stande Moralität zu erzeugen, „abgesehen etwa von der Gewohnheit, dieser zweiten Natur der Seele, welche eine Dressur im eigentlichen Sinne ist“ (ibd. p. 229). Die Moralität kann deshalb nicht gelehrt werden, weil sie nicht im Motiv, sondern im Willen liegt. „Das Motiv ist immer bloss Vorstellung, kann also nicht das Prädicat moralisch haben, es bleibt mithin für die Moralität allein jener unbewusste Factor übrig, der als Theil des Charakters betrachtet werden muss und zum innersten Kern der Individualität gehört“ (ibd.). Deshalb ist Sittlichkeit unabhängig vom Bildungsgrad. Eigentlich aber bezeichnet das Prädicat „ethisch oder unethisch nicht Eigenschaften, die an und für sich dem Subjekt inhäriren, die also dem Willen der Person innewohnen sondern „welche nur Beziehungen desselben zu einem ganz bestimmten Standpunkte eines höhern Bewusstseins ausdrücken.“ (p. 230).

Wenn das Prädikat ethisch (oder unethisch) nicht eine Eigenschaft bezeichnet, die dem Willen des Subjektes inhärirt, sondern eine solche die sich nur in Beziehung auf ein anderes höheres entwickelt, woher käme dann der Zauber, den die passive Unschuld ausübt, und woher die Weihe eines edlen physiognomischen Ausdruckes, wenn nicht aus der Reinheit, des subjektiven Willens? Die Beziehung auf ein Anderes ist bei der ethischen Kraft, wie bei physischen Kräften, die Gelegenheitsursache zur Manifestation des latent vorhandenen. Dass Hartmann allein nur in der Beziehung auf ein Anderes, Höheres den Werth des Ethischen sieht und nicht berücksichtigt, dass auch das still innere Empfinden und Denken ethisch imprägnirt sein könne, liegt darin, dass er das ethische Princip als Vehikel des Erlösungsprozesses statuirt. Mit der Behauptung jedoch, dass die Tugend nicht lehrbar sei, hat Hartmann auch das Recht verwirkt, das Menschengeschlecht für die Erlösung des All-Einen, als höchster und vornehmster sittlicher Aufgabe erziehen zu wollen, wie er dies so eindringlich, in allen seinen auf das Unbewusste bezüglichen Schriften bekundet.

Selbst in der ureigensten Domäne des klaren Bewusstseins, im Intellekt, greift auch das Unbewusste ein und dies bei verschiedenen Anlässen. Eine seiner Hauptrollen ist hier das Herausfinden des Ähnlichen und Gleichen, womit dem combinatorischen Denken einer seiner allerwichtigsten Bausteine geliefert wird. Hat Jemand die Wahrnehmung A. und es tritt darauf die Wahrnehmung B. hinzu, so kann die Gleichheit nicht A. inhäriren, und B. giebt A. keine Eigenschaft, die es nicht besass, sondern es ist der intuitive Faktor, der das identische Stück beider Vorstellungen herausschneidet und die weitern individuellen Reste unberührt lässt.

Auf solchen Abstractionsakten, die zu den verschiedensten Zwecken vor sich gehen, beruht nicht nur die Genesis eines plötzlich aufleuchtenden Witzes, sondern selbst die wichtigsten Entdeckungen beruhen auf denselben; dem vom unbewussten Erleuchteten enthüllen sich Beziehungen, auf die Tausend Andere blind hinstarren.

Dies gehört nur zu den Präliminarien und Rüstzeugstücken der Denkthätigkeit, von der im Zusammenhang mit dem Unbewussten, wie oben bemerkt, eins der psychologisch allerbedeutsamsten Capitel der „Philosophie des Unbewussten“ handelt. Hartmann erhärtet darin weiter, wie das Unbewusste im entwickelten logisch bewussten Denken, in einer der zwei Denkmethoden, nämlich in der inductiven Methode eingreift. Während die deductive oder discursive Methode ihre Beweise durch stufenweise Schlussfolge nach dem Satz des Widerspruchs unter zugegebenen Prämissen verführt, begibt sich die inductive Methode jedes Anspruchs auf Beweisführung und appellirt einfach an den gesunden Menschenverstand, sie überspringt alle unnützen Glieder und greift in heller intuitiver Anschauung das Richtige heraus.

Man kann wohl die Ansicht wagen, dass diese zwei Methoden nicht blos die Mathematik beherrschen, sondern dass jede von ihnen empirisch in den beiden Geschlechtern prävalirt. Der Mann ist in seiner Denkweise gründlich aber schwerfällig, die Frau in ihrer lebhaft und rasch auf das empirisch Richtige losgehend. Eine feine Blüthe der intuitiven Logik der Frau ist der sociale Takt, der ja auch darin besteht, aus einem gegebenen Verhältnis mit raschem Blick das Richtige heraus zu fassen. Sehr schön vergleicht Hartmann die deductive Methode mit dem „lahmen Stelzengang," die inductive aber mit dem „Pegasusflug."

Unter den drei Elementen, welche die Welt der sinnlichen Vielheit bilden: unter Materie, Raum und Zeit, entsteht nur die letztere allein rein real, ohne Betheiligung des unbewussten Faktors. Die Materie besteht in einem System von Atomen, die nach innen kraftbringend, nach aussen raumsetzend sind. Näher besehen hat man es in der physischen Welt nur mit einem Faktor, der Kraft, zu thun, es ist lediglich ein sinnliches Verurtheil auch von Stoff zu sprechen. Denn was man Stoff nennt löst sich letzten Endes in Kraftwirkungen auf. In der Kraft des Atom's sei zu unterscheiden das Streben als reiner Actus, und das, was erstrebt wird, als Ziel und Inhalt des Strebens. Die strebende Kraft des Atom's ist nichts anderes als der Wille, und das ihr vorschwebende „Was" ist nichts anderes als die unbewusste Vorstellung. So sind „die Äusserungen der Atomkräfte individuelle Willensakte, deren Inhalt in unbewusster Vorstellung des zu Leistenden besteht. So ist die Materie in der That in Wille und Vorstellung aufgelöst" (p. 479). Indem nun der Atomwille die inhaltliche Vorstellung realisirt, setzt er damit den Raum derselben. Der Wille an sich, wie die Vorstellung an sich, sind unräumlich; der metaphysische Wille, der Wille der Panpsyche, besitzt so wenig Raum wie der Wille in der Menschenbrust; eben so wenig besitzt die

Vorstellung Raum, sondern der ideelle Raum ist in ihr, er begrenzt ihr Bild, aber indem der Wille die inhaltliche Vorstellung realisirt, realisirt er damit zugleich den Umkreis ihres Bildes, und damit ist der objektive reale Raum gesetzt, der aber in Bezug zum All-Einen phänomenal ist, wie die Materie selbst. Bei der sinnlichen Wahrnehmung reconstruirt die Seele die Räumlichkeit des von den Atomkräften gegebenen Objekts. Da jedoch die Localzeichen, d. i. die qualitativ und intensiv veränderten Empfindungen bei jeder Taststelle oder Augenbewegung kein ausreichender Grund dafür ist, dass sie die Seele als räumlich explicire, so muss die schöpferisch synthetische Function eine rein geistige Function des Unbewussten sein.

Bei der Zeitbildung hingegen bleibt — wie bereits erwähnt — der unbewusste Faktor ausser Spiel. Sie beruht auf dem realen Vorgang, dass die durch einen Eindruck hervorgebrachte Dauer der Gehirnschwingungen, in die Dauer der Empfindung übersetzt, die Zeitdauer gibt. Somit wird die objektive Folge der Schwingungen in die subjektive Zeitdauer übertragen; da aber die Schnelligkeit der Übertragung vom individuellen Rhythmus der Gehirnschwingungen abhängt, so müsste die Zeitschätzung bei verschiedenen Personen jedenfalls so weit differiren, dass ein absolutes Takthalten bei einem musikalischen Zusammenspielen eine kaum zu erreichende Forderung wäre.

Durch das Auflösen der Materie in Wille und Vorstellung hat sie aufgehört ein Caput mortuum zu sein und die Grenze zwischen Beseeltem und Unbeseeltem ist niedergerissen; tat tuam asi. Der Unterschied besteht nur noch in höhern oder niedrigern Erscheinungsformen. Dass die Generalisirung des Willens nothwendiger Weise die Generalisirung der Empfindung und des Bewusstseins zur Folge hat, ist ein Punkt, in welchem Hartmann mit Schopenhauer übereinstimmt. (Siehe Neukant. Schopenhauern. und Heglian. p. 135). Damit ist es als selbstverständlich anzusehen, dass Hartmann für die Beseelung der Pflanzen eintritt, und es ist ihm durchaus sympathisch, dass Fechner in „Nanna“ die gleiche Theorie postulirt. Auf der niedrigsten Stufe des Thier- und Pflanzenreichs verschwindet der

Unterschied so sehr, dass ein Streit über denselben zwecklos ist.

Hartmann findet in der Pflanze nicht nur dieselben unbewussten Seelenthätigkeiten wie im Thier (ibd. p. 425—442), selbst den Schönheitstrieb eingeschlossen, sondern er constatirt noch in derselben empfindendes Bewusstsein, wenngleich ein nur im minimalen Grad entwickeltes. Wenn sowohl die Sonnenblume als das Weinblatt (und noch andere Pflanzen) jede mögliche Bewegung machen, um zu dem ihnen absichtlich versperrten Sonnenlicht zu gelangen und diese Bewegung auf dem kürzesten Weg ausführen, und wenn das Blatt der Dionaea und der Mimosa pudica das Sträuben der Insekten empfindet, „so liegt in diesen Fällen eine psychsche Reaction, der eine psychische Perception vorangehen muss.“

Obzwar Hartmann der Pflanze, und nicht blos dieser, sondern auch der unorganischen Welt Bewusstsein vindicirt, so ist dieses Bewusstsein doch nur eine dumpfe auf actuelle Zustände sich beziehende Sensation, die sowohl von dem die Zukunft anticipirenden hellsehenden Naturwillen, als von dem erkennenden Bewusstsein des Menschen verschieden ist, welches auf den unveräusserlichen Faktoren von Gehirn und Ganglien beruht. Allerdings hält er es für zweifellos, dass das Protoplasma, „der die höchsten Denkfunctionen vermittelnden Zellen der grauen Gehirnsubstanz durchaus nicht typisch, sondern nur graduell von dem Protoplasma der niedrigsten Organismen verschieden ist“ (ibd. p. 451). Über die Entstehung des intelligiblen Bewusstseins, das bei Hartmann noch die besonders hohe Messias Mission hat, der welterlösende Faktor zu werden, liefert er die Erklärung, dass: nachdem Wille und Vorstellung in untrennbarer Einheit verbunden waren, geschieht es, dass sich die Vorstellung plötzlich vom Mutterboden des Willens losreisst, und das Stutzen des Willens, seine Stupefaction „über die Auflehnung gegen seine bisher anerkannte Herrschaft, dieses Aufsehen, den der Eindringling von Vorstellung im Unbewussten macht, dies ist das Bewusstsein“ (ibd. p. 394). Auf die Frage: wie denn die für ihr Sein und Sosein ganz indifferente Vorstellung plötzlich zum Drange nach Emancipation vom Willen komme? ist die Antwort: dass sie von der Gehirnmaterie dazu imprägnirt sei. Damit ist aber nur die Frage weitergerückt: wie kommt die unbewusste Materie zu diesem findigen Gedanken? Auf die andere Frage: wie der dumme, verstandlose Wille seinerseits zum Stutzen, zur Stupification komme? lautet die Erklärung: dass eine unbewusste Vorstellung ihm dazu den Inhalt gebe (ibd. p. 394). Auch hier kann die Frage weitergerückt werden, d. h. man kann sagen: da die unbewusste Vorstellung hellsehend ist, wie kann sie denn den Inhalt zum Stutzen geben, das Vorgehen der Materie müsste ihr doch ersichtlich sein? Die Erklärung der Entstehung des Bewusstseins kann kaum als ein Glanzpunkt in Hartmann's Theorienbau angesehen werden, und fast möchte man nach den minutiosen Commentiren und Erläutern des Punktes annehmen, dass Hartmann selbst keine volle Zuversicht zu seiner Lösung des überaus schwierigen Problem's fühlte. Jedenfalls ist aber ein wesenhaftes Merkmal des Bewusstseins sehr schön von Hartmann markirt, nämlich die Spannung des Gegensatzes zwischen Naturwille und bewusster Vorstellung. Allerdings ist dieser Gegensatz in der „Philosophie des Unbewussten", in der auch die Materie durchgeistigt ist, kein rationeller, sondern nur ein relativer. Übrigens kann Hartmann der Befreiung der Vorstellung vom Primat des Willens nicht entrathen, denn sie ist eine Bedingung sine qua non für die evolutionistische Erlösungstheorie. Aller Fortschritt, sowohl in der Stufenreihe der Wesen, wie in der Geschichte, besteht in Erweiterung des Gebiets, wo das Bewusstsein herrscht, „da aber diese Erweiterung der Herrschaft nur durch Befreiung des Bewusstseins von der Herrschaft des Affectes und Interesses, mit einem Worte des Willens, und durch alleinige Unterwerfung unter die bewusste Vernunft erkämpft werden kann, so liegt der Schluss nahe, dass die fortschreitende Emancipation des Intellectes vom Willen der eigentliche Kernpunkt und nächste Zweck der Erschaffung des Bewusstseins ist" (p. 373).

Das Bewusstsein ist die Voraussetzung des Selbstbewusstseins. Unter Selbstbewusstsein versteht man das Erfassen seiner Selbst als das innere Objekt der Geistesthätigkeit. „Je heller das Bewusstsein leuchtet, um so mehr erlischt das Selbstbewusstsein, wie z. B. in der Begeisterung des künstlerischen Schaffens, oder beim tiefern Nachdenken.“ Ein äusserst feines Aperçue!

Aber das Bewusstsein auch in seiner ganzen hohen Bedeutung als begriffsbildende Denkthätigkeit, um wie viel mehr in der absteigenden Relativität des Individualbegriffes, nach welchem nicht bloss der Zelle, sondern selbst dem protoplasmatischen Inhalt derselben Bewusstsein zukommt — ist nur Erscheinung, nur phänomenale Manifestation des All-Einen. Dieses ist das Alles umfassende Individuum, welches alles Seiende ist, das absolute Individuum oder das Individuum κατ' ἐξοχήν (ibd. p. 516). So wie die Seele — worunter Hartmann den unbewussten Individualgeist im Zusammenhang mit den Elementen des Leibes versteht — in allen Theilen des Organismus gegenwärtig ist und selbst in dem zerschnittenen Theil eines Thieres wirksam ist, so ist die unbewusste Weltseele in allen Gebilden anwesend und zweckthätig wirksam. Um die Einheit des Unbewussten zu erfassen, muss man das alte Vorurtheil überwinden, dass Bewusstsein und Seele Eins ist. Es ist daher festzuhalten, dass das Unbewusste das Bedingende und Umfassende alles Seins ist und dass das Bewusstsein nur zur Erscheinung seiner Combinationsatome in Peter oder Paul gehört. Das Bewusstsein von Peter und Paul ist mithin das Bewusstsein des Absoluten, soweit es sich in Peter und Paul partialisirt hat. Erst wenn man erkannt hat, dass die Vielheit des Bewusstseins nur eine Vielheit der Erscheinung des Einen ist, erst dann wird es möglich „sich von der Macht des practischen Instinctes, welcher stets „Ich, Ich“ schreit, zu emancipiren, und die Wesenseinheit aller körperlichen und geistigen Erscheinungsindividuen zu begreifen“ (ibd. p. 519). Es ist kein Widerspruch gegen die Alleinheit des Unbewussten, dass mit der steigenden Entwickelung des denkenden Bewusstseins das Selbstbewusstsein sich immer mehr zuspitzt, und die Persönlichkeit in ihrer Besonderheit dadurch heraushebt — dies sei kein Wiederspruch, weil das bewusste Denken in den Bedingungen des Bewusstseins befangen bleibt und vom Trugschleier der Maja umsponnen ist (p. 519). Dieses Argument ist eigentlich nicht rechtskräftig, denn da es kein anderes Denken als durch das Bewusstsein giebt, so bleibt die Auffassung aller Dinge, auch die des Absoluten von den Bedingungen des Bewusstseins und dem Trugschleier der Maja befangen. Demnach befände sich auch das Denken über das Absolute im Banne der Befangenheit.

Hartmann's System ist somit ein monistisches, und zwar ein konkret monistisches, da er die Realität des Willens anerkennt.

Für denjenigen, welcher in der theistischen Anschauung befangen ist und deshalb daran Anstoss nehmen möchte, dass das All-Eine, als Gott genommen, kein Bewusstsein besitzt, ausser dem Bewusstsein in den endlichen Ausscheidungen, bemerkt Hartmann: dass „die Furcht des Theisten, seinen Gott durch Absprechen des Bewusstseins herabzusetzen, so unbegründet ist, dass sie vielmehr in das Gegentheil umschlägt, nämlich in die Einsicht, ihn gerade durch das Prädiciren des Bewusstseins herabzusetzen, da seine Vorstellungsweise in Wahrheit über dem Bewusstsein steht“ (ibd. p. 537). Es wäre also nur eine anthropopatische Beschränkung dem All-Einen Bewusstsein andichten zu wollen; denn bei uns besteht die Form des Bewusstseins in der beschränkenden Spaltung des Subjectes und Objectes, in einer ziemlich scharfen Sonderung unseres individuellen Selbst von andern Personen und der Aussenwelt. Für das All-Eine Wesen aber, dass Alles ist und nichts ausser sich hat, ist ein solcher Grund hinfällig und wäre das Bewusstsein nur eine Störung im absoluten Frieden der unreflectirten Intuition. Man hat nur deshalb getrachtet und gerungen für das Absolute ein selbstbewusstes Fürsichsein zu retten, um nicht als ausschliessliches Produkt blinder Naturkräfte, um nicht als ein „zwecklos entstehendes und zwecklos vergehendes

Combinationsresultat einer zufälligen Notwendigkeit dastehen zu müssen" (ibd. p. 535). Ist man aber zur Erkenntnis gereift, dass die zeitlos alle Mittel und Punkte in Eins fassende und jederzeit alle Daten mit ihrem Hellsehen umspannende Thätigkeit des Unbewussten, dem lahmen Stelzengang der discursiven Reflexion unendlich überlegen ist, so schwindet dieses Bedenken: wenn dass All-Eine bei aller Unbewusstheit „eine allwissende, allweise, überbewusste Intelligenz besitzt, welche den Inhalt der Schöpfung und des Weltprozesses teleologisch bestimmt", so stehen wir nicht als zufälliges Produkt der Naturkräfte da.

Während Hartmann es als anthropopatische Verkleinerung perhorrescirt, dass dem absoluten Bewusstsein supponirt wird, trägt er kein Bedenken ihm einen gewaltigen über- und innerweltlichen Schmerz zu supponiren, dessen Perceptionsfähigkeit doch den Bedingungen des Bewusstseins correlat sind. Denn auch der Schmerz kann, nach menschlicher Fassung, nicht ohne Beschränkung und Reibung mit andern Selbstheiten, sowie nicht ohne discursives Denken und ohne Sinnesempfinden entstehen. In Hartmann's Conception vom Gottesschmerz scheint übrigens eine Reminiscenz an Dionysos Zagreus aus der orphischen Philosophie hinein zu spielen; wenigstens lässt sich das dem Alleinen supponirte innerweltliche Leiden, mit dem Leiden des in den Erscheinungen zerfleischten Dionysoskindes vergleichen. Unklar erscheint es aber, wie das Alleine Subsistirende, die Leiden seiner Partialtheile, Peter und Paul, empfinden kann — ausser nur in der Beschränkung selbst — da er von diesen durch das zeitlose, Alles in Eins umfassende, unsinnliche Denken getrennt ist. Wie soll erst, trotz dieser Getrenntheit, der Schmerz der Identificirung eine solche Intensität erreichen, dass er mit nachdrucksvoller Beredsamkeit zum Bewegungsgrund des Erlösungswerkes gestempelt wird? (Vergleiche: Phänom. d. sittl. Bewussts. p. 867 u. f; Relig. d. Geist. p. 244: Zur Gesch. u. Begründ. d. Pessism. p. 325).

Durch die Selbstzerklüftung des Absoluten in eine Vielheit von phänomenalen Erscheinungen entsteht eine Vielheit idealen Strebens, die sich dadurch, dass sie der Wille in's Reale übersetzt, zu realen Conflikten gestaltet. So gut wie die Einheit der Seele in der Menschenbrust vom Widerstreit der Begehrungen zerrissen wird, eben so besteht ruheloser Widerstreit zwischen den durch die Willensacte des Unbewussten gesetzten Individuen. „Im Gebiete der Vorstellung oder reinen Idee besteht das ideell Entgegengesetzte friedlich nebeneinander und geht höchstens ruhig und ohne Stürme logische Verbindungen miteinander ein; erfasst aber ein Wille diese ideell Entgegengesetzten und macht sie zu seinem Inhalt, so treten die mit entgegengesetztem Inhalt erfüllten Willensacte in Opposition, sie gerathen in realen Widerstreit" (p. 532). In Schiller's Sprache heisst dies: „Leicht beinander wohnen die Gedanken, hart im Raume stossen sich die Dinge." „Nur in diesem Widerstreit, sagt Hartmann, dem gegenseitig geleisteten Widerstand der individuell vertheilten Willensacte des All-Einen entsteht und besteht das, was wir Realität nennen" (ibd). Dem zufolge gesteht es auch Hartmann zu, dass die Wirklichkeit in Opposition und Widerstreit besteht; womit gesagt ist, dass er auch in der Construction seines Weltbildes einen realdialektischen Bestandtheil gelten lässt, ungeachtet, dass er Bahnsen einer so scharfen Zerfaserung unterzieht.

Nimmt man noch hinzu, dass mit der steigenden Entwickelung des Bewusstseins, auch eine Opposition innerhalb der Attribute (ausser der, der Individuen) eintritt, nämlich der Kampf der Idee gegen den Willen, und dass der ganze Welt- und Erlösungsprozess auf der Umwendung des Willens beruht — so haben wir Momente der Realdialektik eben so gut in der metaphysischen wie in der praktisch-ethischen Sphäre gegeben. Allerdings ist das realdialektische Moment nur ein mitziehendes, und zwar, ein nur nebenher und stark verschleiert in der Philosophie des Unbewussten mitziehendes, der Hauptaccent in derselben fällt auf die Weisheit und Logicität. Bei Bahnsen hingegen ist das antilogische und einschneidende Princip der Realdialektik der einzige Weltmotor („Hartmann perhorrescirt an Hegel das Dialektische, ich das Logische, und zwar dergestalt, dass mir der reale Weltprozess durch und durch dialektischer Natur zu sein scheint.“ (Bahn. zur Phil. d. Gesch. p. 2). Hartmann aber hält an dem logischen Evolutionismus fest, erkennt jedoch dabei die Nothwendigkeit das alogische Princip gelten zu lassen. Denn, wie er selbst sagt (p. 816), „kann nur aus dem logischen Gegensatz der Zwei im Einen ein Process erwachsen.“

Aus den constructiven Verhältnissen der Philosophie des Unbewussten treten noch manche Widersprüche entgegen, so ist auch die ontologische Stellung des Individuum's in derselben eine widersprechende und gezerrte; während es in der Allgewalt des Absoluten nichts Würdigeres und nichts Besseres ist, als das Phantom einer Nulle, der Schatten eines Staubkörnchens, und jeder Realität baar: Ich bin nur eine Erscheinung wie der Regenbogen in der Wolke . . . . . was an mir Wesen ist, bin ich nicht“ (ibd. p. 533) — ergeht an ihn dabei der strenge Mahnruf, die Messias-Mission auf sich zu nehmen, mit der Titanenkraft eines Halbgottes dem Werke der Welterlösung und der Erlösung dieses selbstsüchtigen Absoluten sich zu weihen. Später wird sich noch der weitere Gegensatz ergeben, dass, während Hartmann das Individuum als nichtiges Atomaggregat dem eisigen Moloch des Unbewussten überantwortet, er mit einem alle Zuckungen der Seele und alle Fasern des Lebensgespinnstes durchschauenden olympischen Blick, das Leiden seiner empirischen Stellung schildert.

Wie aber überhaupt, ontologisch-genetisch genommen, das Individuum oder die Vielheit aus der Einheit des Weltgrundes zu erklären sei, ist eine Frage die zu den Hauptklippen eines monistischen System's gehört. Die Individuation fängt nach der Phil. d. Unbw. bei den niedrigsten Individuen, den Atomen, an. Die Individuen höherer Ordnung entstehen „durch Zusammensetzung aus Individuen niederer Ordnung unter Hinzutritt neuer auf das Resultat der Zusammensetzung gerichteter Thätigkeiten des Unbewussten“ (ibd. p. 616). Für die Einzigheit des Individuums folgt die Erklärung: „weil jede Atomkraft verschieden von jeder anderen vom Unbewussten vorgestellt ist, darum ist natürlich auch ihre Realisation von der jeder anderen Atomkraft verschieden, also ebenfalls einzig“ (p. 619). Als das einzige Prinzipium individuationis betrachtet Hartmann mit Schopenhauer, Raum und Zeit. Jedoch mit dem Unterschiede, dass da für Schopenhauer die Formen von Raum und Zeit nur subjektive Gehirnanschauungen sind, für ihn auch (wie für Kant und Fichte) das Individuum nur eine subjektive Scheinexistenz besitzt, der ausserhalb des Hirnbewusstseins keine Wirklichkeit entspricht. Bei Hartmann hingegen besitzen die Formen von Raum und Zeit eben so wohl äussere Wirklichkeit als subjektive Hirnexistenz, und dem zufolge besitzt auch die Individuation nicht bloss eine Scheinexistenz für das Bewusstsein, sondern auch Realität ausserhalb des Bewusstseins, unbeschadet der Einheit der Substanz. Dies begreift in sich, dass die Individuation wie die Realität nur Manifestationen der metaphysischen Kraft sind. Die Realität, d. h. das Daseiende, ist eben nur phänomenal, sie oder es, ist eine objektive Äusserung des Überseienden, eine Ausscheidung des Subsistirenden; somit sind Realität und objektive Phänomenalität Wechselbegriffe; was so viel heisst, als das Individuum ist real-phänomenal. Hartmann ist mit sich einig, dass das Individuum zu keiner über die terresterische Phänomenalität hinausgehende Anwartschaft, wie sie hauptsächlich die christliche Lehre in den gläubigen Gemüthern nährt, berechtigt sei. Die pantheistische Scheinexistenz seines Individuums lässt übrigens auch gar keine andere Auffassung zu.

Bis nach der Abhandlung des Individualcharacter's, durch drei viertel Theil (durch 632 Seiten von 826 S.), der Philos. d. Unbew. hat man noch keinen eigentlichen Anhalt, Hartmann für einen Pessimisten zu halten, ausser etwa durch den Umstand, dass er das alogische Prinzip im Weltprozess gelten lässt, und dass er (p. 532) den trüben Widerstreit in Erwägung zieht, den die mit entgegengesetzten Inhalt erfüllten Willensacte unterhalten. Hierauf wendet er sich dazu, im Spiele einer wundervollen Beleuchtung, das axiologische Problem zu entwickeln. Die anfänglich fast optimistisch gefärbte Erörterung, im Cap., „die Allweissheit des Unbewussten und die bestmögliche der Welt," weicht in der über allen Ausdruck glänzenden Exposition der empirischen Verhältnisse, im Cap. „die Unvernunft des Wollens und das Elend des Daseins," der düstern, pessimistischen Zerfaserung des Menschengeschickes und des Welttableau's.

Zieht man das absolute Hellsehen des Unbewussten in Betracht, welche es von der Möglichkeit des Irrens bewahrt, es alle Mittel und Zwecke in Eins fassen, alle Daten logisch verknüpfen lässt, und bedenkt man, dass ihm allgegenwärtiges, unaufhörliches Eingreifen im Weltgange zugeschrieben werden muss — so muss man sich vertrauensvoll hingeben: Dass, wenn in der Vorstellung des Absoluten eine bessere Welt gelegen wäre, sie auch ausgeführt worden wäre.

Mit dem Geltenlassen der Welt als der Bestmöglichen, ist aber noch durchaus nicht gesagt, dass sie einen absoluten Werth repräsentire und dass sie mit ungetrübter Seligkeit erfüllt sei. Es war eine grundlose Unterstellung, durch Begriffsverwirrung entstanden, wenn man meinte, das Bestmögliche müsse auch gut sein. Das Bestmögliche ist nur ein Verhältnissbegriff und „der stärkste Nachweis der Schlechtigkeit einer Sache ist niemals ein Einwand gegen ihre Bestmöglichkeit."

Hauptquelle des Übels in der Welt ist der Egoismus, mit dem nothwendig Verletzung des Andern, Unrecht und Böses eintritt, aber alle diese Übel sind für die Individuation nothwendig. Und die Weisheit des Absoluten setzte als Gegengewicht, die Instinkte des Mitleids, des Vergeltungstriebs etc. Die Hauptpostulate der ethischen Weltordnung jedoch, die Ideen der Sittlichkeit und Gerechtigkeit haben nur Werth für die empirischen Individuen untereinander; in Bezug auf ihr inneres Wesen d. h. auf das All-Eine sind sie bedeutungslos, und „das All-Eine ist letzten Endes nur so weit an der Welt interessirt, als es mit seinem Wesen an ihr betheiligt ist" — — — „so werden auch Sittlichkeit und Gerechtigkeit als formelle Ideen, in Bezug auf ihren teleologischen Werth für das Unbewusste nur nach einem solchen Massstabe gemessen werden können, der ausschliesslich ihre Wirkung auf dessen Wesen berücksichtigt“ (ibd. p. 640). Darin ist nun die kaltherzige autocrate Stellung des Unbewussten gegenüber der armen Menschheit klar genug dargelegt.

Nicht minder ist daraus ersichtlich, dass die zwei ethischen Kategorien nur als Hülfsmittel und Waffen im Dienste des Absoluten ihren Werth erhalten. Und damit im Zusammenhang stehen die weitern Bemerkungen, dass das Unbewusste mit der Schöpfung höhere Tendenzen habe, als die Glückseligkeit, oder es müsse die Aussicht auf Verminderung grösserer Schmerzen geben, sonst hiesse ja das ganze Schöpfungswerk nichts anderes, „als die Zähne in sein eigen Fleisch schlagen“ (ibd. p. 642).

Sollte sich bei der weitern Untersuchung herausstellen, dass diese bestehende Welt schlechter als keine ist, „so werden wir uns der Consequenz nicht verschliessen, dass die Existenz der Welt einem unvernünftigen Act ihre Entstehung verdankt“ (p. 643). Diese Präsumtion wird nur dadurch möglich, weil zwei Thätigkeiten im Unbewussten walten, von denen die eine, der Wille, alogisch und vernunftlos ist, und dieser verdankt alle reale Existenz ihre Entstehung.

Hartmann steigt nun von den speculativen Höhen, behufs Untersuchung der axiologischen Frage, zu der empirischen Weltbühne nieder, dazwischen lässt er aber mit einem wundervoll künstlerischen Clair-obscur die Perspective des Erlösungswerkes schimmern.

In der Erörterung des schwerwiegenden Problems, ob das Sein oder Nichtsein der bestehenden Welt den Vorzug verdiene, streift Hartmann den frostighellen Optimismus ab und wendet sich mehr und mehr dem menschlich nähern, lebensenttäuschten Pessimismus zu. Wenngleich letzterer den erstern bei ihm nie ganz aufheben kann; denn der Evolutionismus wird noch aus der Noth und dem Kampf des Daseins, aus dem Thränenthau zuckender Qualen, einen teleologischen Zweck, den Zweck der Entwickelung der Kräfte emporspriessen sehen.

Hartmann nimmt Schopenhauer's Axion vom relativen oder negativen Character der Lust zum Ausgangspunkt seiner Betrachtung über den Werth der Welt und des Lebens. Er stimmt jedoch Schopenhauer nicht bei, dass nur der Schmerz positiv, die Lust aber negativ sei, dass sie nur im Aufhören des Schmerzes bestehe. Hartmann betrachtet beide, Lust wie Schmerz, als real. „Lust wie Schmerz unterscheiden sich, wie das mathematisch Positive und Negative, d. h. so dass es gleichgültig ist, welches Vorzeichen man dem Einen, welches dem Anderen giebt" (ibd. p. 660).

Dabei muss aber allerdings ein Überwiegen des Schmerzes zugestanden werden; beides nämlich Lust wie Schmerz greifen über einen gewissen Status hinaus das Nervensystem an und führen Ermüdung herbei; der Schmerz wird (abgesehen von völliger Abstumpfung durch grosse Schmerzen) um so schmerzlicher, die Lust um so gleichgültiger und überdrüssiger, je länger sie dauert. Bei der Unlust wirkt das aus dem Angriff auf die Nerven stammende Bedürfnis nach Aufhören des Gefühls „mit dem directen Widerwillen gegen die Ertragung eines Schmerzes zusammen." Hier liegt schon der erste Grund, „warum bei gleichschwebender Waage für das Maass der directen Lust und Unlust in der Welt durch die hinzukommende Nervenaffection zu Gunsten des Schmerzes der Ausschlag gegeben werden würde." Dazu kommt noch, dass durch das Verlangen vom vorhandenen Gefühl befreit zu werden, die indirecte (d. h. durch Aufhören einer Lust entstandene) Unlust relativ vermindert, dagegen die indirecte (d. h. durch Aufhören einer Unlust entstandene) Lust relativ vermehrt wird; aus diesem Verhältnis ergiebt sich schon a priori, dass ein viel grösserer Theil der Lust, als der Unlust in der Welt auf indirecte Entstehung aus dem Nachlassen des Gegentheils hinweist. „Somit kommt es für die Praxis auf das heraus, was Schopenhauer behauptet, dies darf aber die principielle Auffassung nicht alteriren." Es bleibt unbestreitbar, dass es eine Lustempfindung und Genüsse giebt, welche nicht secundär durch Nachlassen des Schmerzes entstehen, sondern welche sich positiv über den

Indifferenzpunct der Empfindung erheben. Als solche Genüsse bezeichnet Hartmann die idealen der Kunst und Wissenschaft und die realistischen des Wohlgeschmackes; die erstern behandelte Schopenhauer als die schmerzlosen Freuden des willensfreien Intellects. Eine viel bekrittelte und falsche Theorie, da der willensfreie Intellect nur als ein Zustand latenter Widerspiegelung gedacht werden kann, eine willensfreie Lust aber, eine Lust ohne Befriedigung des Willens, eine reine Unmöglichkeit ist.

Zu Schopenhauer's Entschuldigung muss aber noch an dem Umstand festgehalten werden, dass die Nichtbefriedigung des Willens ihrer Natur nach unmittelbar bewusst wird — denn der Wille kann nicht seine eigene Nichtbefriedigung wollen, folglich muss ihm diese aufgezwungen werden, wobei er sich gegen äussern Zwang in Opposition befindet; — die Befriedigung aber wird nicht unmittelbar bewusst, sondern durch Vergleiche, die der bewusste Verstand mit entgegengesetzten Erfahrungen anstellt.

Dass Hartmann (mit Schopenhauer) auch den eudämonologischen Lebenswerth des Pflanzen- und Thierreichs in Betracht zieht, ist eine Consequenz seines Monismus, nach dem alles Seiende Objektivation des Einen Subsistirenden ist. Die Lustempfindung fehlt den Pflanzen und den niedrigen Thierstufen, da sie keine Bewusstseinsentwickelung für Vergleiche besitzen während Schmerz und Unlust sich auch dem dumpfen Bewusstsein mit unerbittlicher Nothwendigkeit fühlbar machen muss.

Schopenhauer's Überzeugung, dass die Welt die schlechteste sei und dass es in ihr kein aufwiegendes Äquivalent gegen den Schmerz gäbe, wobei er sich auf Petrarca's Vers beruft: mille piacer' non vagliano un toremento (Tausend Genüsse sind nicht eine Qual werth) — stimmt Hartmann ebenfalls nicht bei. Oder vielmehr, er limitirt auch hier die Zustimmung, und giebt Schopenhauer darin recht, dass die Welt schlechter sei als keine. Wieder nicht zustimmend, und doch um ein Geringes davon entfernt, verhält sich Hartmann in Bezug zu

Schopenhauer's Ansicht, dass die Weltschöpfung durch Schuld, durch Schuld des Willendranges nach Objektivation entstand. Hartmann missbilligt überhaupt den trancendenten Gebrauch ethischer Begriffe (worauf schon früher hingewiesen), diese hätten „nur für Bewusstseinsindividuen im Verkehr mit Bewusstseinsindividuen Bedeutung“ (p. 655); sodann sagt er, er könne mit Schopenhauer aus dem Elend des Daseins das folgern, „dass die Weltschöpfung ihren ersten Ursprung einem unvernünftigen Act verdankt“, dem blossen grundlosen Willen (ibd.). Der Gegensatz zwischen den Begriffen von Schuld und Unvernunft erscheint jedoch als kein so sehr schroffer, denn ein „unvernünftiger Act“ involvirt auch einen gewissen Grad von Schuld.

Hartmann geht nun daran, diejenigen Güter des Lebens zu prüfen, welche an sich noch keine positive Lust gewähren, die aber den „Nullpunkt der Empfindung“ und den „Bauhorizont“ darstellen — wie er den indifferenten Stimmungsstatus nennt — auf dem erst die Genüsse des Lebens errichtet werden sollen. Diese Lebensgüter oder Zustände sind: Gesundheit, Jugend, Freiheit und auskömmliche Existenz; sie werden selbst als keine Glücksgüter empfunden, aber das Herabsteigen von diesem „Bauhorizont“ in Krankheit, Alter, Knechtschaft und Noth, wird schmerzlich verspürt.

Die Jugend ist das Lebensalter, in welchem allein vollkommene Frische und ungehinderter Gebrauch des Körpers und des Geistes gefunden wird. Ausserdem besitzt die Jugend, was eigentlich mit dem Vorigen schon inbegriffen ist, allein volle Genussfähigkeit, während im Alter sich wohl alle Beschwerden, Unbequemlichkeiten, Verdruss, Widerwärtigkeiten und Plagen doppelt fühlbar machen, die Fähigkeit des Geniessens mehr und mehr abnimmt. Diese Genussfähigkeit hat aber nur den Werth des Bauhorizontes, denn was nützen die besten Zähne, wenn man nichts zu beissen hat.

Auch die auskömmliche Existenz kann an und für sich noch als kein positiver Gewinn angesehen werden; hingegen ist auch diese Privation in Form von: Hunger, Frost, Hitze oder Nässe schwer und schmerzlich zu ertragen, während der Schutz vor diesen Übeln, in Form von: Wohnung, Kleidung und Nahrung, noch durchaus als kein positives Gut betrachtet werden kann.

Die gewöhnliche Erfüllung des Lebens ist die Arbeit; es kann kein Zweifel sein, dass die Arbeit für den, der arbeiten muss, ein Übel ist, mag sie auch in ihren Folgen für ihn wie selbst für die Menschheit segenbringend sein. Alles, was man über den Werth der Arbeit sagen kann, reducirt sich entweder auf den volkswirtschaftlichen Vortheil oder auf die Verhütung von Übeln, welche im Sprüchwort angedeutet sind: dass Müssiggang aller Laster Anfang ist.

In der Regel ist die Arbeit der Preis, um den die gesicherte Existenz erkauft wird. Aber ausserdem, dass die gesicherte Existenz an sich noch kein positives Gut ist, sondern nur den Nullpunkt der Empfindung repräsentirt, muss dieses rein privative Gut durch Unlust erkauft werden im Gegensatz zu Gesundheit und Jugend, welche man geschenkt bekommt. Und wie gross ist das Opfer und die Knechtschaft, welche Arbeit auferlegen! Hier citirt Hartmann Schopenhauer's herzbrechende Betrachtung: „Im Alter von fünf Jahren eintreten in die Garnspinnerei oder sonstige Fabrik, und von dem an erst zehn, dann zwölf, endlich vierzehn Stunden darin sitzen und dieselbe mechanische Arbeit verrichten, heisst das Vergnügen, Atem zu holen, theuer erkauft“ (Welt als Wille und Vorstellung II. 661).

„Nicht minder grosse Opfer, wie der Erwerb des Lebensunterhaltes, fordert das Erkämpfen einer relativen Freiheit, denn volle erlangt man nie. Dafür haben aber die Sicherung der Existenz und der erreichbare Grad der Freiheit den Vortheil, dass man sie doch überhaupt durch eigene Kraft erobern kann, während man sich zu Jugend und Gesundheit ganz passiv empfangend verhält“ (ibd. p. 667).

Ist man wirklich im Besitz dieser rein privativen Güter, so ist die äussere Bedingung zur Zufriedenheit gegeben; tritt alsdann die innere hinzu, das sich Bescheiden bei dem Nothwendigen, so wird im Betreffenden Zufriedenheit herrschen. Die Zufriedenheit ist Resignation auf jedes positive Gut, „sie verlangt nur das Freisein von erheblichen Übeln und Schmerz", also das, was ungefähr den Nullpunkt der Empfindung bildet, und demnach dem Nichtsein an Werth gleichkommt.

Hartmann geht nun dazu über, den eudämonologischen Werth der zwei Hauptmotoren des Weltgetriebes, den von Hunger und Liebe zu untersuchen.

Hunger und Liebe sind sowohl für den Fortschritt und die Entwickelung im Thierreich, als für die Entwickelungsanfänge und die rohern Zustände der Menschheit, die einzig wirkenden Triebfedern. Und wenn über den Werth dieser Momente für das Individuum der Stab gebrochen werden muss, „so ist schon wenig Aussicht vorhanden den Werth des individuellen Lebens um seiner selbst willen auf anderen Wegen zu retten" (ibd. 669). Leider muss der Stab gebrochen werden!

„Der Hunger ist qualvoll." Während das Sättigungsbehagen nur einige Stunden anhält, muss der peinigende Hunger oft lange ertragen werden. Und wie wenig steht das dumpfe Behagen der Sättigung und Verdauung mit dem für das Hirnbewusstsein so deutlichen Nagen des Hungers, oder gar der Höllenqual des Durstes, dem Thiere in Wüsten und wasserarmen Gegenden ausgesetzt sind, in Vergleich! Dazu noch, wie viel muss der Schmerz des Hungers, die Lust der Sättigung im Laufe des Lebens solcher Thierarten überwiegen, welche in gewissen Jahreszeiten aus Nahrungsmangel oft zu erheblichen Bruchtheilen ihrer Gesammtzahl verhungern. Wie steigt sich erst das Grauen und der Schmerz, wenn der Blick sich auf die nach Brot ringenden und trotz ihres Arbeitsstrebens verhungernden Menschen richtet! „Kann die Völlerei von tausend Schlemmern die Qual eines verhungerten Menschenlebens aufwiegen!"

Je weniger verheerende Kriege der fortschreitenden Vermehrung der Menschheit Einhalt thun, je mehr durch zunehmende Reinlichkeit und durch Prophylaktika die Epidemien schwinden und ihre Ausbreitung verhindert wird, desto mehr muss sich die Ernährungsunfähigkeit als die einzige natürliche Grenze der Vermehrung herausstellen.

Das Resultat in Bezug auf den Hunger ist also dies, dass das Individuum durch Stillung des Hungers als solcher nie eine positive Erhebung über den Nullpunkt der Empfindung erfährt. An sich betrachtet ist das Nahrungsbedürfnis ein Übel, und nur der Fortschritt, zu dem der Kampf um die Nahrung als Triebfeder wirkt, kann dieses Übel teleologisch rechtfertigen.

Hartmann führt hier die Worte Schopenhauer's an (Parerga II, p. 313): „Wer die Behauptung, dass in der Welt der Genuss den Schmerz überwiegt, oder wenigstens sie einander die Wage halten, in Kürze prüfen will, vergleiche die Empfindung des Thieres, welches ein anderes frisst, mit der dieses anderen."

Was die andere Triebfeder, die Liebe betrifft, so ist im Thierreich von einer Wahl, die vom männlichen Theil ausginge, noch wenig die Rede. Im ganzen hat der Liebestrieb bei ihnen nichts individuelles, er ist generell, im Dienste der Erhaltung der Arten. Wo aber bei den Wirbelthieren ein individueller dumpfer Trieb einzutreten scheint, entspinnt sich auch der Kampf der Männchen um das Weibchen. Die Kämpfe, die Verwundungen, und der Ärger, bilden wohl eine Summe von Unlust, welche die für die beglückten Männchen erwachsene Lust hundertfach aufwiegt. Dass der Mensch in der himmelhoch jauchzenden und zu Tode betrübten Liebeslust- und Pein eigentlich nur der Dupirte des metaphysischen Gattungszweckes ist, darin stimmt Hartmann Schopenhauer vollkommen bei (Metaphysik d. Geschlechtstriebe in Welt als Wille u. Vorstellung II.) Ja, er erachtet es als besonders scharfsehend vom Instinkte der Liebe, dass für jedes Individuum dasjenige Individuum am stärksten reizend wirkt, je vollkommener es die Idee der Gattung repräsentirt, und je besser es die eigenen Fehler, durch entgegengesetzte paralysiren könnte — denn dadurch befolge das Unbewusste dieselbe Zuchtwahl, welche Darwin als allgemeines Naturgesetz nachwies (p. 203—204). Hartmann schreibt jedoch dem Unbewussten eine höhere Tendenz beim Geschäfte der

Liebeswahl zu, als sie für Schopenhauer bestand, nämlich die, das Menschengeschlecht für den evolutionistischen Erlösungszweck zu veredeln.

Geht man vom Abstracten und Generellen zum Konkreten und Individuellen über, und betrachtet von diesem Gesichtspunkt die Folgen der Liebe, so findet man, dass in der Regel der eine Theil stärker liebt, als der andere, der weniger liebende zieht sich gewöhnlich zuerst zurück und der erstere fühlt sich treulos verlassen und verrathen. Wer den Schmerz getäuschter Herzen um gebrochener Liebesschwüre willen, sehen und wägen könnte, der würde finden, dass er ganz allein schon alles gleichzeitige in der Welt bestehende Liebesglück übertrifft, und dies schon aus dem Grunde, weil die Qual der Enttäuschung und die Bitterkeit des Verraths viel länger vorhält als das Glück der Illusion.

Wenn es eine statistische Aufzeichnung über die Liebesverhältnisse, die zur Ehe führen, gäbe, so würde man über den geringen Procentsatz erschrecken.

Und im allgemeinen ist auch die Ehe eine Enttäuschung, eine Enttäuschung, dass man in dieser neuen Aera von der Erde nach dem Himmel versetzt werde. Der Liebende hatte gehofft, in seiner Geliebten einen Engel zu finden, und findet nun einen Menschen mit allen menschlichen Fehlern und Schwächen. „Kurz, er findet, dass alles beim Alten ist, dass er aber in seiner Erwartung ein grosser Narr war“ (p. 648).

Das Resultat dieser Betrachtung ist, dass die Liebe den Betheiligten weit mehr Schmerz als Lust bereitet. „Kaum wird sich der Trieb so sehr gegen das Resultat stemmen, wie hier.“ Hartmann meint weiter: Es könnte keinem Zweifel unterliegen, dass die Vernunft nur gänzliche Enthaltung von der Liebe anrathen müsste, wenn nur nicht die Qual des nicht zu vernichtenden Triebes ein noch grösseres Übel wäre, als ein massvolles Befassen mit der Liebe.

Vom Standpunkt der Eudämonologie des Individuums stimmt Hartmann gleichwohl für die Ausrottung des Liebestriebes. „Wenn etwas Triftiges dagegen vorzubringen ist, so können es nur solche Erwägungen sein, welche vom Individuum ein Hinausgehen über den Standpunkt seines Egoismus verlangen. Das Resultat für die Liebe ist also dasselbe, wie für den Hunger, dass sie an sich für das Individuum ein Übel ist, und ihre Berechtigung nur daraus herleiten kann, dass sie zum Fortschritt der Entwickelung beiträgt" (p. 681). Für die Stellung des Individuums ist es jedoch nicht dasselbe, ob es dadurch zur Entwickelung beiträgt, dass es gegen den erleidenden Hunger seine Kraft aufbietet, oder ob es sich spontan der Liebe zum Zweck des Evolutionismus hingiebt. Diese Forderung an das Individuum richten, hiesse es im eigensten Selbst zu einem Mittel stempeln.

Ausser der Liebe sind noch Ehre und Erwerb geistige Triebfeder. Die Ehre setzt sich aus den drei Faktoren: Eitelkeit, Ehrgefühl und Ehrgeiz zusammen. Eigentlich könnte man die Eitelkeit als den Grundstock dieser Gruppe betrachten. Auch bei diesen Triebfedern überwiegt der teleologische Werth den eudämonologischen, denn wenn auch das bürgerliche Ehrgefühl vor Verbrechen abhält, von denen Furcht vor zeitlicher oder ewiger Strafe nicht zurückschrecken könnte; und wenn der Ehrgeiz den Knaben und Jüngling zur mühevollen Erlernung des von unserer Zeit geforderten Bildungsmaterials anspornt, so verhindert das Ehrgefühl Übel und fördert der Ehrgeiz den Bildungsprocess des Menschengeschlechts, rechte Befriedigung aber gewähren beide nicht, denn das Verhältniss steht so, dass auf hundert Kränkungen kaum eine Befriedigung kommt; erstere werden bitter empfunden, letztere als längst verdienter Zoll der Gerechtigkeit hingenommen.

Der Erwerbstrieb ist immer nur ein Mittel für andere Zwecke; der Hauptzweck ist die Sorge für die Zukunft zu benehmen, und dann soll der Zauberstab: Geld, die Genüsse des Lebens öffnen. Nun beruhen diese nicht nur auf Illusionen, sondern das Streben nach ihnen bereitet in Summa weit mehr Unlust als Lust. Das eudämonologische Ergebnis ist also hier ebenfalls ein negatives, doch findet dabei wieder das teleologische Prinzip, durch Auswirkung der Kraft und durch culturellen Fortschritt, seine Rechnung.

Wie Oasen nach ermüdender Wanderung durch Wüstensand, so erscheinen vor der Betrachtung des Lebensgebietes Kunst und Wissenschaft; sie sind ein „freundlicher Sonnenblick nach der langen Nacht des Leidens und Ringens.“ „Wenn Schopenhauer darauf beharrte, dass der Gemüthszustand beim künstlerischen oder wissenschaftlichen Empfangen oder Produciren blosse Schmerzlosigkeit sei, so sollte man glauben, dass er nie den Zustand der Ekstase oder Verzückung kennen gelernt habe, in dem man über ein Kunstwerk oder eine sich neu aufthuende Sphäre der Wissenschaft gerathen könne.“ Und würde er die Positivität eines solchen Zustandes des höchsten Genusses eingesehen haben, so hätte er auch nicht behaupten können, es dabei mit einem willensfreien und interesselosen Zustand zu thun zu haben, sondern hätte eingesehen, dass er der Zustand höchster und vollkommen positiver Befriedigung sei — und Befriedigung wessen, nicht eines Willens?

Fragt man sich aber, wie viel Procent der Erdbewohner überhaupt in einem nennenswerten Grad für künstlerische und wissenschaftliche Genüsse empfänglich sind, so wird man die Bedeutung dieser Genüsse für das Wohl und Glück der Welt nicht hoch anschlagen. Und bringt man noch den grossen Procentsatz in Abzug, welcher bei der angeblichen Liebe zu Kunst und Wissenschaft dem Ehrgeiz und der Eitelkeit zufällt, wo sie auf blossem Schein und Affectation beruht — oder dilettantischer „Flitterstand ist, um seine liebe Person damit aufzuputzen“ — so wird die Glückssumme, die sie gewähren, noch weiter vermindert.“

Überdies besteht der hauptsächliche Genuss auf der productiven, nicht auf der receptiven Seite; wie verschwindend gering ist aber die Zahl der dazu Berufenen! Und auch bei diesen wenigen Auserwählten erleidet der Genuss einen starken Abbruch durch andere Momente. Denn wenn auch die Conception bei der Kunst einen fortreissenden Zauber ausübt, so weicht dieser bald der nüchternen Stimmung der technischen

Ausführung des Reflectirens und des Zweifelns. Und da kein Meister vom Himmel fällt, wie mühselig und aufreibend der Stufengang der Vorbildung!

Selbst der an sich mühelose receptive Kunstgenuss ist mit mannigfaltigen Unannehmlichkeiten verbunden und durch dieselben beeinträchtigt, wie die Hitze und Engigkeit im Theater und in den Concertsälen, die Gefahr sich zu erkälten, die Ermüdung beim Hören und Sehen.

In Summa ist der Überschuss an Lust, welcher durch Wissenschaft und Kunst als solche in der Welt erzeugt wird, verschwindend klein gegen die Summe des sonst vorhandenen Elendes und dass dieser Lustüberschuss noch dazu auf solche Individuen vertheilt ist, welche die Unlust des Daseins stärker als andere fühlen, so ist ihnen dafür doch kein Äquivalent geboten.

Unter allen Lebensfaktoren bleibt die Hoffnung der trostreichste Faktor. Sie ist der nothwendige „Hülfsinstinct des Selbsterhaltungstriebes." Nichts desto weniger ist die Hoffnung eine Illusion κατ᾽ἐξοχήν, sie ist recht eigentlich dazu da, um uns zu dupiren, d. h. zum Narren zu haben, ersteht aber aus der Asche jeder Enttäuschung als neuer Phönix, „damit wir nur aushalten, um unsere anderweitig, von uns noch nicht begriffene Aufgabe zu lösen" (p. 709). (Soll wohl heissen, um uns der Erlösung des All-Einen, als Dank dafür, dass es uns zum Sündenbock seiner Zwecke erkor, zu weihen). Wer aber einmal die Überzeugung von der Nichtigkeit der Hoffnung und ihres Gegenstandes gewonnen hat, der beansprucht von ihr nicht mehr das grösstmögliche Glück, sondern das kleinstmögliche Unglück.

Das Facit der Betrachtung aller Lebensfaktoren ist, dass man von Allem zurückkommt und dass man zur Einsicht der Wahrheit von Koheleths Ausspruch gelangt: „Alles ist ganz eitel!" Das erste Illusionsstadium (im Cap. „die Unvernunft des Wollens und das Elend des Daseins") stellt die Menschheit in ihrem jugendlichen Glücksstreben und in Hoffnungen befangen dar. Man lebt in einem Illusions-Dusel und tröstet sich nach jeder Enttäuschung schnell mit einer neuen Hoffnung. Dieser Illusionstrieb wird nur dadurch erklärt, dass das Urtheil über vergangene Lust und Unlust verfälscht wird, sie erscheinen in einem geläuterten und verklärten Licht, wodurch Missgeschick und Elend weniger gefühlt wird. Nur die sensiblen Naturen und die Denkergenie's sind die am wenigsten einer leichten Stimmung fähigen, die ersteren weil sie mächtiger und tiefer die Unlust percipiren, die zweiten, weil sie die Illusion durchschauen.

Historisch wird dieses erste Lebensstadium der Menschheit durch die jüdisch-griechisch- und römische Welt repräsentirt. Der Mosaismus spricht die Verheissung irdischer Glückseligkeit ohne transcendenten Hintergrund unverhohlen aus. Das Griechenthum macht dasselbe Streben auf edlere Weise in Kunst und Wissenschaftsgenuss geltend. Die römische Republik bringt ein neues Moment in das Glückseligkeitsstreben durch politische Machterhöhung des Vaterlands hinzu.

Im zweiten Illusionsstadium ist der irdische Glückswahn, der reale Eudämonismus überwunden, und das Individuum sucht das Glück in einem transcendenten Leben nach dem Tode. Dieses Illusionsstadium ist durch die Ausbreitung der christlichen Glaubenslehre und durch die Anschauungsweise des Mittelalters repräsentirt.

Hartmann tritt auch an diese Erörterung mit imponirendem Spezialwissen heran. Die individuelle Unsterblichkeit, welche Jesu lehrte und zu der ihm die Weltverachtung, für das ausgelebte und in entmenschten Schwelgereien entartete Alterthum brachte, wird eigentlich schon durch Stellen des Paulus — und auch solche des Johannes — erschüttert. „Wir sind wohl selig, doch in der Hoffnung," (Röm. 8, 29). Was wohl besagt, dass die Seligkeit eigentlich im diesseitigen Leben beginnt. Und die Stelle (I. Cor. 13, 8): „die Liebe hört nimmer auf, so doch die Weissagungen aufhören werden, und die Sprachen aufhören werden, und die Erkenntnis aufhören wird." Diese Stelle nimmt somit das Aufhören des Bewusstseins an.

Unter allen grossen Systemen der neuern Philosophie

(abgesehen von Kant's Inkonsequenz und Schelling's späterm Abfall) ist von einer individuellen Fortdauer in keinem die Rede. Und die Philosophie des Unbewussten hält insbesondere daran fest, dass „die Individualität sowohl des organischen Leibes, als des Bewusstseins nur eine Erscheinung ist, die mit dem Tode verschwindet und nur das Wesen, das All-Eine Unbewusste, übrig lässt, welches diese Erscheinung hervorbrachte, theils durch seine Individuation zu Atomen, theils durch directe Einwirkung auf die zum Körper combinirte Atomgruppe" (p. 718). In den Systemen Spinoza's, Schelling's (vor dem Abfall), Fichte's, Hegel's, sind Aussprüche darüber enthalten, dass der Geist vor und nach der Zeit, in welcher er als Idee das wirkliche Dasein im Körper auswirkt, als nicht zur Objektivation gekommene Idee der einen Substanz inhärirt. Bei Schopenhauer vollends besitzt der dumme Wille allein transcendentalen und zeitlosen Bestand.

So erweist sich denn auch die Hoffnung auf eine persönliche Fortdauer als haltlos. Für den Egoismus ist dieses Resultat niederdrückend, denn ihm ist die Unsterblichkeit Gemüthspostulat, aber es erscheint dies nicht für das wahre Gemüth, dessen Grund selbstverleugnende Liebe ist. Der einzige Contrast, der gegen die Unseligkeit des Daseins angenommen werden kann, ist nicht der der Seligkeit, sondern der des Nichtseins. Dieser Contrast kann aber nicht im eingegangenen Zustand des Nichtseins in Rechnung kommen, da in diesen nicht gedacht und nicht empfunden wird. Es ist Nirwana!

Im dritten Stadium handelt es sich darum, den Egoismus zu einem kosmischen Bewusstsein zu erweitern, das selbstsüchtige zu einem selbstverleugnenden Allgefühl umzuwandeln. In diesem Stadium wird das Glück als in der Zukunft des Weltprozesses liegend gedacht. Somit ist die Richtschnur dieses Stadiums ein solidarisch verbundenes immanentes Streben. Das Ideal, welches sich jetzt über den abgefallenen und erstorbenen Wahnbildern erhebt, ist der allgemeine social-politische Fortschritt. Die Welt- und Lebensverachtung führt zur

Selbstverleugnung und zur Hingabe an das Allgemeine, und dieser ethische Werth des Pessimismus kann nicht hoch genug angeschlagen werden. Vollends ist aber der exclusive Egoismus an seiner Wurzel gebrochen, wenn man an der Erkenntniss festhält, das es ein und dasselbe Wesen ist, welches allen getrennten Ichheiten entspricht.

Hat nun das Interesse für die Entwickelung des Ganzen im Herzen Wurzel geschlagen, und fasst man den Entschluss, sich als Glied dem Allgemeinen zu weihen, so werden die erloschenen Triebe restituirt, um sich mit voller Kraft in den Lebensstrom zu stürzen und seinen Theil an der volkswirtschaftlichen und geistigen Culturarbeit mitzuleisten.

Das dritte Illusionsstadium ist sohin, die Hoffnung auf ein durch Abnegation des Egoismus zu erringendes zukünftiges Menschheitsglück, und dieses Stadium ist durch das Mannesalter des Menschengeschlechtes symbolisirt.

Aber während Hartmann mit der einen Hand, den socialistisch-optimistischen Ausblick hinmalt, zeigt er mit der anderen, wie in der neuen Aera die Harpyengestalten des wirklichen Lebens nur ihre alten Krallen häuten.

„Wie weit auch die Menschheit fortschreitet, nie wird sie die grössten Leiden loswerden oder auch nur vermindern: Krankheit, Alter, Abhängigkeit von dem Willen und der Macht Anderer, Noth und Unzufriedenheit.“ Wie viel Mittel auch gegen Krankheiten gefunden werden mögen, immer wachsen die Krankheiten, namentlich die peinigenden und hemmenden chronischen Leiden, die bei erhöhter Cultur durch Nervenzerrüttung und Blutarmuth unterhalten werden. Immer wird die frohsinnige Jugend nur einen Bruchtheil der Menschheit ausmachen. Und immer wird der grausige Hunger der in's Unendliche gehenden Vermehrung des Menschengeschlechts, für die kein entsprechendes Verhältnis von Nahrung aus dem Boden zu erpressen ist, eine Grenze durch eine grosse Bevölkerungsschicht ziehen.

Das sind nun die physischen und socialen Übelstände der Welt- und Lebensbeschaffenheit; wie verhält es sich mit der

Natur des ethischen Faktor's? Die Unsittlichkeit in der Welt ist nicht weniger geworden, nur die Form, in der die unsittliche Gesinnung auftritt, änderte sich. Wenn in alten Zeiten Rohheiten und Gräuelthaten begangen wurden, so bestand aber auch dabei Biederkeit und Ehrlichkeit und das klarste Billigkeitsgefühl. Mit dei Civilisation vermehren sich die raffinirten Verbrechen des Betrugs und der Fälschung in erschreckender Progression, und der niedrigste Eigennutz zerreisst schamlos die heiligsten Bande der Familie und Freundschaft, wenn sie der Befriedigung desselben hinderlich sind.

Die zwei Momente, denen ein positiver Überschuss an Lust zuerkannt wurde, Kunst und Wissenschaft, werden in der Zukunft der Welt eine veränderte Stellung einnehmen. Die Genie's, welche Zauberern gleichen, verschwinden mehr und mehr aus der Welt, und die Arbeit der Wissenschaft wird mehr und mehr eine gemeinsame. Daraus folgt dass das wissenschaftliche Produciren immer geringer wird, und die Welt mehr auf den minderwerthigen receptiven wissenschaftlichen Genuss beschränkt bleibt.

Ähnlich ist das Verhältnis in der Kunst, auch dieser Genuss wird sich zur blossen Kurzweil verflachen, und auch hier werden die Genies immer seltener werden, je mehr die Menschheit das schwärmerische Leben und die transcendentalen Ideale der Jugendzeit überwunden hat; „und je mehr im Mannesalter der Menschheit die socialökonomischen und practisch wissenschaftlichen Interessen die Übermacht erlangt haben.“

Die letzten und wichtigsten Fortschritte, welche noch zu erwägen bleiben, sind die socialen und politischen. Nehme man auch an, der vollkommenste Staat sei realisirt und die politische Aufgabe sei auf das Vollendetste gelöst, so erwüchse daraus keine positive Lustvermehrung. „Alle bekannten Aufgaben des Staats sind negativer Natur, sie heissen Schutz gegen, Sicherung vor, Abwehr von u. s. w.“ (p. 744).

So streiten sich wie Sonnenschein mit Gewölk, der evolutionistische Optimismus mit dem metaphysisch-empirischen

Pessimismus. Auch die culturelle Fortentwickelung macht die Menschheit nicht leidensfreier, erhöht nicht die Lust über die Unlust; im Gegentheil, das gesteigerte Feingefühl bildet für jede Attake eine tiefere und nachhaltigere Resonanz. Hartmann segelt in diesem Abschnitt so, dass das letzte Ziel immer häufiger in Sicht kommt, über den Strom der Dürftigkeit und des Jammers hinweg dämmert immer deutlicher die Verheissung auf. Nicht nur dass das Bewusstsein mit zunehmender Bildung sich immer klarer wird der Eitelkeit und Armseligkeit aller Genüsse und alles Strebens, sondern es wächst auch mit dieser die Erkenntnis, dass das endlose und grausame Leiden des Daseins im unheilvollen und rastlosen Willen selbst seinen Grund hat, daher unausrottbar ist.

Neben dem physisch-socialen und dem psychisch-ethischen, ergiebt sich somit als dritter und unbesiegbarster ein metaphysischer Grund der Unseligkeit des Daseins.

Die Illusionen sind erstorben, die Hoffnungen sind ausgebrannt, die todesmüde Menschheit ist in die Periode des Greisenthums eingetreten. Mit jener erhabenen Melancholie, welche man bei Genie's und geistig hochstehenden Greisen antrifft, sehnt sich der über das tolle und jammervolle Gewirr schwebende Geist der Menschheit nach dem Frieden des Nichtseins.

Das Resume ist demnach, dass das Nichtsein der Welt ihrem Sein vorzuziehen ist.

Zwischen diesem dritten Stadium und Mainländers idealem Staate findet eine nahe eudämonistisch-pessimistische Analogie statt: in beiden kommt auf der vollendeten Höhe der Culturentwickelung das Menschenthum erst recht zum Bewusstsein, dass die Pein des Lebens unausrottbar und unentrinnbar ist, worauf das Verlangen nach Erlösung, als letzte verzweifelte Zuflucht, als ultimo ratio erwacht.

Die Realisirung des Erlösungswerkes beruht in erster Instanz auf der Ausbreitung und Steigerung des Bewusstseins. Da nach Hartmann's streng teleologischer Anschauung, die Welt in Allem zweckmässig eingerichtet ist, Alles in ihr seine

Bestimmung und Stelle hat, so wird die gewaltige Erscheinung des Bewusstseins, das mit Schmerz sein Dasein fristet und mit Schmerz seine Steigerung erkauft, doch nicht zwecklos von der Allweisheit des Unbewussten gesetzt worden sein. Und den Zweck etwa, dass sich die Welt in ihm wiederspiegele, kann es gewiss nicht haben; ja wenn die Welt wenigstens schön und werthvoll wäre, aber eine so durch und durch elende Welt! Recht besehen, ist eigentlich der Zweck des Bewusstseins in seinem Wesen ausgesprochen, es besteht in der Emancipation des Intellect's vom heillosen Willen. Und deshalb ist auch auf dem Wege der Bewusstseinsentwickelung, als der einzig opponirenden und sogar bändigenden Kraft des Willen, das letzte Ziel zu suchen.

Eine erhebliche Etappe in der fortschreitenden Bewusstseinsentwickelung bildet das negative Resultat, dass es das Elend des Daseins und das Thörichte und Illusorische aller Bestrebungen und Hoffnungen erkennt. Daraus folgt, dass auch die Illusionsstadien Fortschritte im evolutionistischen Prozess sind.

Das eudämonistische Streben, das Verlangen nach Glückseligkeit, ist der innerste Kern und die mächtigste Triebkraft des Menschen. Alle Handlungen gehen klar oder verdeckt aus eudämonologischen Motiven hervor. Sobald das Bewusstsein aber erkannt hat, dass jedes Glücksstreben nur den Schmerz der Enttäuschung bereitet, entsteht ein tiefer Antagonismus zwischen Intellect und Willen. Da dem Bewusstsein das logische und vernünftige Moment inhärirt, dessen der Wille baar ist, so lässt sich annehmen, dass, sobald es den nöthigen Grad von Macht erlangt hat, es dem Widervernünftigen (antilogischen), was es etwa im unvernünftigen (alogischen) Willen vorfindet, zu Leibe gehen und es zu vernichten suchen wird.

Es ist sohin als unzweifelhaft anzusehen, dass das Mittel und Zweck in Eins denkende Unbewusste, das Bewusstsein dazu schuf, den Willen zu besiegen und hierdurch den einzig erreichbaren Glückszustand, den der Schmerzlosigkeit zu verwirklichen.

Nach dem negativen Resultat auch des dritten Illusionsstadiums, nach der Enttäuschung darüber, für die Allgemeinheit einen relativen Glückszustand constituiren zu können, wird die greise Menschheit als Phönix aus der Asche sich noch einmal erheben, ihre erloschenen Instincte abermals restituiren, und solidarisch verbunden in der Erkenntnis des monistischen Urgrundes und geeinigt durch ein umspannendes Mitgefühl, sich dem Weltprozess, um des letzten Zieles willen, weihen. Nunmehr besteht das Princip der practischen Philosophie darin, „die Zwecke des Unbewussten zu Zwecken seines Bewusstseins zu machen“ (p. 763).

Hartmann fasst somit das Erlösungsproblem nicht individualistisch, wie Schopenhauer, nach dem das vom Elend des Daseïns durchdrungene Individuum im Stande sei, das Wollen aufzuheben und im Tode der individuellen Vernichtung anheim zu fallen; er verwirft vielmehr diese Ansicht: „wie soll dem Individuum die Möglichkeit, seinen individuellen Willen als Ganzes nicht theoretisch, sondern auch practisch zu verneinen, da sein individuelles Wollen doch nur ein Strahl jenes All-Einen Willens ist? (p. 758). Das All-Eine käme dadurch nur in die Lage, diesen „Strahl“ als ausfallendes Werkzeug zu ersetzen.

Das entscheidende Moment, auf welches es bei einer universalen Willensverneinung ankommt, ist, „dass der überwiegende Theil des actuellen Weltwillens in derjenigen Masse bewussten Geistes enthalten sei, welche sieh a tempo zum Nichtmehrwollen entschliesst“ (p. 768). Das Stratagem, welches bei der Willensaufhebung angewendet werden soll, besteht darin, nach Analogie des psychischen Vorganges, bei dem ein Begehren durch Erregung eines entgegengesetzten aufgehoben wird — der positiven Willensrichtung durch Erweckung einer conträren beizukommen. Die Erkenntniss vom Thörichten und Verfehlten des Wollens, kann nicht direkt dasselbe vermindern, sondern sie kann durch Motivation eines entgegengesetzten negativen Willens jenen einschränken. Sobald der vom Bewusstsein motivirte oppositionelle Wille, die Stärke des aufzuhebenden Weltwillens erreicht haben wird, so werden sie sich paralysiren,

d. h. ohne Rest aufheben. Der wollende Wille wird dann in den latenten Zustand eines Wollen-Könnenden zurückversetzt, und das All-Eine tritt aus der schmerzvollen Actualität in den Frieden der Potenzialität zurück; es geht in den Frieden seines urzuständlichen Nichtsseins ein, und der höllische Zauber der Welt zerstäubt. Mit der Umwendung des erfüllten, existentiellen Weltwillens wird auch der Überschuss des ausserweltlichen hungrigen Willens, der leeren Sucht, die trotz ihrer Unbewusstheit sich doch der rastlosen Unseligkeit bewusst ist, (schwer zu vereinen) zur Ruhe gebracht. Da aber das wollen Können dem Willen in seiner Passivität verbleibt, so ist die Möglichkeit der Erneuerung des Weltengraus nicht annulirt. Diese Möglichkeit muss eo ipso die Voraussetzung zulassen, dass der Wille schon untergegangene Welten durchrast habe.

Der übernatürliche Akt, bei dem die psychische Intensität und Extensität, den Übergang sämmtlicher phänomenaler Existenzen in einen metaphysisch actualitätslosen Zustand, in den Zustand des blossen Wesens bewirken soll, mag als eine scharfe und genial gezogene Consequenz aus dem Entwicklungsgang der Principien Bewunderung verdienen, allein den Charakter einer potenziellen Realisirbarkeit wird kaum jemand dieser kühnen Position zuerkennen. Wie eine — per imposibile angenommen — Universalwillensverneinung, „den gesammten Kosmos . . . . . . mit einem Schlag verschwinden lassen könne“ (p. 765) kann mindestens eben so wenig plausible gemacht werden, als wie nach Schopenhauers individualistischer Erlösungstheorie plausible gemacht werden kann, dass der Leib durch die Willensverneinung zerstäube.

Dass die Universalwillensverneinung Endzweck der Weltschöpfung sei, ist als Hartmann's individuelles Illusionsstadium bezeichnet worden; und es erscheint fast als Ironie des Culturgeistes, dass der Bekämpfer der Realdialektik mit seiner berühmten Philosophie zwischen das Räderwerk des Widerspruchs gerathen ist: das Jammergebilde der Welt mit seinem millionenfach verschlungenen Leidesgewirr nur zu dem Zwecke entstehen zu lassen, damit es für das Nichtsein reif werde.

Schlusswort.

So imposant Hartmann's speculativer Bau, durch Reichthum an wissenschaftlichem Rüstzeug, durch geniale Conception, so wie durch glänzende Sprache ist*), und welcher Zauber auch schon in dem eben so elastischen als idealen Grundwesen desselben, im Prinzip des Unbewussten liegt, das in so hohem Grade mit dem Gewandten und Künstlerischen seines Geistes coordinirt — so wird man gleichwohl eine deprimirende Wolke nicht los, über die mechanistische Stellung, die der Mensch in demselben einnimmt, den er rein zum therapeutischen Mittel für den Heilzweck des Absoluten, von der ihm supponirten Unlust degradirt.

Die Nullität der Menschenstellung führt ihrerseits einen zwiespältigen Zug in seiner ethischen Prinzipienlehre ein; während nämlich durch die Dürftigkeit und Gebundenheit des Individuum's zum Occasionalismus recurrirt werden muss; Hartmann sagt ausdrücklich (Schopenhaurianismus p. 193), dass die Willenacte, welche sich der Hirnconstitution detachiren, in Willensacten des All-Einen bestehen — richtet er andererseits an dasselbe die für jede Begreiflichkeit unvollziehbare Forderung: durch Actualisirung des logisch Richtigen im verworrenen Netz der Weltereignisse, die Erlösung dieses All-Einen herbei zu führen. Durch „den Sieg des Logischen über das Unlogische im Wege der sittlichen Weltordnung“ soll das All-Eine erlöst werden (Phänom. d. sittl. Bew. p. 867). Und wenn Hartmann es auch mit seinem aussergewöhnlichen Geschick darlegt, dass alle Entwickelungsprozesse, sowohl die morphologisch-organischen, als die psychisch-historischen, Missionswege sind, welche von der allweisen Vernunft zum Zweck der Erlösung geleitet werden, so liegt darin erstens eine starke Überschätzung der Teleologie

---

*) Vergleiche die Naturwiss. Cap. über Instinkt etc. etc. Die brillanten psych. Capit. über d. Unbew. im Denken, u. d. Unbew. im Gefühl; u. das tief sondirende axiologische Cap. „die Unvernunft d. Wollens und das Elend d. Daseins.“

des Werdens und Geschehens, die fast als eine Pharaphrase erscheint des theistisch Gläubigen: Gott leitet Alles auf das Beste, und ausserdem müsste ein solches vorsorgliche Hinlenken ein Dementi der Eigenschaft involviren: dass für das Absolute Denken und Schaffen Eins ist (Siehe phil. Fragen d. Gegenw. p. 133). Das constituive Merkmal des intuitiven Denkens, wonach das Gedachte unmittelbar in die Realität tritt, wird in diesem Fall annullirt. Und in der allerwichtigsten Frage verfährt das Absolute gegen seine Usanz, indem es die Erlösung nicht mit dem Gedanken an dieselbe, sich rasch und leidensfrei vollziehen lässt.

Philipp Mainländer's Philosophie der Erlösung.

Enger und begeisterter als Hartmann, schloss sich Mainländer an Schopenhauer's Lehre an. Im Gegensatz zu Hartmann, dem vornehmen Reflexionsphilosophen, ist Mainländer ein erregbarer Heissspornphilosoph. In seinem Entwickelungsgang hat er mit Hartmann das wesentliche Moment gemein, Autodidakt zu sein; beide Philosophen sind Männer aus eigener Geisteskraft. Mainländer, dessen Familienname Batz ist, gehörte dem commerziellen Stande an, und nur in seiner freien Zeit konnte er sich dem Drange zur Philosophie und Dichtkunst hingeben. Näheres über seinen Bildungsgang wird man erst erfahren, sobald seine Tagebuchblätter, auf die er in seinen Essays hinweist, mit seinem weitern Nachlass veröffentlicht sein werden. Mainländer war von grosser und rühriger Produktivität. Worüber man um so mehr staunen muss, wenn man bei dem, wie es heisst, sehr umfassenden Nachlass (im Besitze des Verlags Koenitzer in Frankfurt a/M.) erwägt, dass er sich seiner schriftstellerischen Neigung nur in freien Stunden widmen konnte, und dass er in noch jungen Jahren aus dem Leben schied. Dass ein Philosoph auch die Dichtkunst pflegt, wie dies bei Mainländer der Fall war, ist eigentlich so wenig befremdend, wie wenn ein Mathematiker die Tonkunst pflegt; bei diesen beruht das Gemeinsame zwischen Wissenschaft und Kunst im Zahlenelement, bei jenem beruht das Gemeinsame zwischen Wissenschaft und Kunst im Erfassen des Gegebenen von einer erhabenern und höhern Warte aus; (allerdings in der

Philosophie durch scharfes, anhaltendes Denken und begriffliches Erkennen, und in der Poesie durch geniale Intuition.) In der reichen Entfaltung seiner Thätigkeit mag ihn das innere Freisein von allen persönlichen Lebensschwächen und Lebensinteressen wesentlich gefördert haben. Die quietistische Selbstentäusserung, die sein Meister Schopenhauer gelehrt hat, ihr aber persönlich fernestand, hat er actualisirt, ist bei ihm in Blut und Leben übergegangen. Und dadurch war seine Thätigkeit von keinen Wollensbildern gestört und beeinträchtigt. Das Wenige, was aus Mainländer's Lebensgang bekannt ist, verdankt man Professor Seiling's begeisterter und fesselnder Studie „ein neuer Messias" (Th. Ackermann, München 1888). Nach dieser Quelle ist er im Jahre 1841 in Offenbach bei Frankfurt a/M. als Sohn eines Fabrikanten, Namens Batz, geboren. Er absolvirte in Dresden das Gymnasium und die Handelsschule. Darauf begab er sich nach Neapel, wo er sechs Jahre in einem Geschäftshause praktizierte. Hier, am paradiesischen Golf, fiel ihm, als Siebzehnjährigen, Schopenhauer in die Hände, und der Eindruck, den dieser geniale und sprühende Geist auf ihn ausübte, war der Mächtigste und Entscheidendste in seinem Leben. Von da an blieb er in der Weihestätte der Philosophie gebannt und erhob sich allgemach zu ihrem Priesterdienst. Ehe er aber hier produktiv auftrat, bekundete er sein dichterisches Talent im dramatischen Gedicht „die letzten Hohenstaufen." Zu diesem Stoff gab wahrscheinlich auch der Aufenthalt in Neapel die Anregung. Nach der Rückkehr aus Italien verweilte er zwei Jahre in der Stellung eines Bankbeamten in Berlin, um hier — wie Seiling sagt — „dem Herde der socialen Bewegung näher zu stehen." Sein Hauptwerk, den ersten Band der „Philosophie der Erlösung," schrieb er im Jahre 1873 im Älternhause; es erschien erst drei Jahre später, somit 7 Jahre nach Hartmann's „Philosophie des Unbewussten," bei Th. Hofmann in Berlin. Das ihn beseelende Verlangen, in alle Gestaltungen des Volkslebens einzudringen, trieb ihn auch dazu, freiwillig auf ein Jahr, als gemeiner Soldat in Dienst zu treten. Er selbst sagt hierüber: „Ich habe unter Umständen die Last des Militärdienstes, und zwar des schwersten Militärdienstes (in einem Kürassierregiment) in jeder Hinsicht auf mich genommen, die nur der ertragen kann, dessen Kräfte durch Begeisterung verzehnfacht sind" (Essays p. 393). Darauf widmete er noch zwei weitere Jahre, bis zu seinem frühen Tode, der litterarischen Thätigkeit. Aus dieser Zeit stammen die zwölf Essays (seine „zwölf Apostel," die einzige scherzhafte Bemerkung dieses schmerzdurchwühlten Geistes), die von seiner Schwester als zweiter Band der „Philosophie der Erlösung" herausgegeben wurden, (Verlag C. Koenitzer Frankfurt a/M.). Diese Essays verhalten sich ähnlich zu seinem Hauptwerk, wie Parerga zu Welt als Wille und Vorstellung. So sind theils Variationen, theils erweiterte Ausführungen einzelner Probleme seines Hauptwerkes; namentlich sind sie dies in social-politischer Richtung, und in dieser Richtung (allerdings kein Anklang an Schopenhauer) ging Mainländer's Innere immer mehr und immer glühender auf. Seine Persönlichkeit tritt überhaupt in den Essays klarer und prägnanter entgegen, was übrigens schon die reale Natur der meisten Themata ermöglicht. Einen Tag nach dem Erscheinen seines Hauptwerkes, am 31 März 1876, schied Mainländer freiwillig aus dem Leben. Seiling äussert hierüber: „gleich Sokrates und Christus drückte er mit dem freiwilligen Tode seiner grossen Lehre das Siegel auf."

Mainländer bezeichnet sich als Fortbildner und Verbesserer der Lehre Schopenhauer's. Fortbildner ist eigentlich jeder Jünger seiner Schule, das worin Mainländer sich als Verbesserer bezeichnen konnte, betrifft einige Punkte der Erkenntnistheorie, die überhaupt bei ihm sehr sorgfältig durchgearbeitet ist, und Einiges in der Ästhetik. Seine metaphysischen Abweichungen vom Meister können schwerlich als Verbesserungen gelten. Zunächst weicht er darin ab, dass er das metaphysische Grundprinzip, den Willen, nicht monistisch, wie Schopenhauer, sondern individualistisch auffasst; der Wille ist für ihn nicht der All-Eine, der in allen Erscheinungen einging, etwa wie der eine Sonnenplanet sich in den Lichtstrahlen dirimirt, sondern er ist für ihn in jedem Individuum für sich existend, obgleich aus demselben Urgrund derivirend, etwa — si parva licet componere magnis — wie auf einem Ackerfelde jedes Samenkorn für sich Lebensgrund einer Pflanze ist, wenn gleich dabei alle Samenkörner aus einem gemeinsamen Samenkelch abstammen. Ein weiterer Unterschied in der Auffassung des Willens ist der, dass während er bei Schopenhauer aseïtäter Natur ist, d. h. während er bei ihm Selbstwesen ist, derivirt er bei Mainländer einer vorweltlichen Einheit. Denn Wille und Bewegung sind Correlat-Begriffe und alle Bewegung entstand aus dem Zerfall der vorweltlichen Einheit. Eine noch entschiedenere Umwandlung erfährt die Idee bei Mainländer; er entkleidet sie ihres überweltlichen und umwandelbaren Character's, den sie bei Schopenhauer nach Plato's Vorbild behauptet, und fasst sie als Summezeichen rein individueller Eigenschaften auf. Nach Schopenhauer ist die Idee ein transcendentaler in den Phänomenen sich perpetuirender Typus, der Wille actualisirte dieselbe Idee vor Jahrhunderten in Hector, die er heute in Hugo actualisirt; nach Mainländer ist die Idee der Inbegriff der Merkmale eines Individuums, er sagt daher: „wir haben genau eben so viele Ideen als es Individuen in der Welt giebt“ (Phil. d. Erls. p. 52). Der Unterschied in der Auffassung der Idee gereicht übrigens Mainländer nur in der Ästhetik zum Vortheil, im metaphysischen Construiren führt er manche Gebrechen herbei. Vor allem bleibt es dunkel, woher dem Willen die Bilder zu seiner Ausstaltung kommen, da er somit das einzige schöpferische Prinzip in der Philosophie der Erlösung ist.

Entschieden günstiger sind einige erkenntnistheoretische Abänderungen; hier ist schon gleich der Boden, auf dem die beiden Philosophen stehen, ein verschiedener; während Schopenhauer Idealist ist, und die Erscheinungswelt nur durch den Schleier der Maja hervorgerufene Täuschungen sind, bekennt sich Mainländer zum transcendentalen Realismus; dem Bilde in der Brust entspricht eine erregende Ursache (das Ding an sich) in der Aussenwelt. Mit der Verschiedenheit dieses erkenntnistheoretischen Standpunktes hängt die verschiedene Auffassung von Raum und Zeit (der principia individuationis) zusammen. Im Gegensatz zu Schopenhauer's Behauptung, dass das Ding an sich seine Dimensionen vom angeschauten unendlichen Raum entlehnt, lehrt Mainländer, dass der Raum-Punkt eine a priorische Verstandesform ist, und dass die Wirksamkeitssphäre jedes Dinges ihn bestimmt, sie genau da zu begrenzen, wo sie aufhört (p. 7 u. p. 393). Hingegen schliesst sich Mainländer unbedingt Schopenhauer's glänzender Entdeckung an, dass die Funktion des Verstandes das Causalitätsgesetz ist, zu dem die Sinne den Stoff bieten; für irrig erklärt er jedoch die Annahme von diesem: dass der Verstand allein, ohne Hülfe der Vernunft, die Anschauung zu Stande bringt.

Die Vernunft hat nach Schopenhauer nur die eine Function: Begriffe zu bilden; nach Mainländer's verbesserndem Urtheil übt sie ausser dieser noch auch die andere Function, die Theilvorstellungen zu verbinden, wodurch erst das Objekt zu Stande kommt. Sie verbindet auch Objekt mit Objekt, ihre aposteriorische Function ist daher die Synthesis. Erst auf der Synthesis kann die Bildung von Begriffen beruhen. Hülfsvermögen der Vernunft sind: Gedächtniss, Urtheilskraft und Einbildungskraft; sämmtliche Erkenntnissvermögen laufen in einem Centrum: dem Geist zusammen.

Analog nun seiner Raumlehre, ist für Schopenhauer die Zeit auch eine intellectuale Anschauung und zwar die des rastlosen Dahinfliessens: „wenn auch alle Dinge im Himmel und auf Erden plötzlich stille ständen, würde die Zeit davon ungestört ihren Lauf fortsetzen“ (Parerga I 108). Mainländer urtheilt jedoch, dass die Zeitbildung mit der Raumlehre nicht in einen Topf zu werfen sei (ähnlich urtheilt Hartmann) und nach ihm ist die Zeit eine a posteriorische Verbindung der Vernunft; die Stelle, wo das in Bewegung befindliche Innere mit dem Bewusstsein zusammentrifft, bildet den Punkt der Gegenwart. Das Festhalten der entschwundenen Gegenwartspunkte durch die Einbildungskraft, und das Vorauseilen der Einbildungskraft, um die kommenden Momente mit dem Punkt Gegenwart zu verbinden, bilden die Vergangenheit und Zukunft

(s. p. 14. 406 u. 433). An unbefriedigender Darstellung der Zeit krankt fast die ganze Philosophie.

Gegenüber Schopenhauer's wechselnder und schwankender Ansicht über die Materie gelangt Mainländer zu der Überzeugung, dass die Materie ebenfalls eine a priorische Form des Verstandes sei, sie ist die zweite Form, welche der Verstand zu Hülfe nimmt, um die aufgefundene Ursache zu objektiviren; diese Form ist ebenfalls unter dem Bilde eines Punktes zu denken. Der Punkt Materie bringt jede Eigenschaft des Dinges an sich innerhalb der vom Raum gezeichneten Gestalt zur Erscheinung. Und obzwar sie genau die Wirkungsweise eines Dinges photographirt, ist doch die Wiedergabe toto genere verschieden von der ursächlichen Kraft (s. p. 7. 411, 418).

Der Raum-Punkt, der Materie-Punkt und der Punkt-Gegenwart, sind Mainländer's selbstständige Doctrinen, wovon die erstern zwei Verstandesformen gewiss die Beachtung Seitens der speculativen Psychologie verdienen.

Wir haben noch eine erkenntnisstheoretische Verbesserung zu registriren; während nämlich Schopenhauer auch die allgemeine Causalität — (wohl zu unterscheiden vom Causalitätsgesetz, das nur die Ursache einer Veränderung im Sinnesorgan, und zwar nur die Wirkung auf die Ursache angiebt) als eine a priorische Function des Verstandes ansieht, hält sie Mainländer für eine a posteriorische Function der Vernunft (p. 24, 408 ff.). Die allgemeine Causalität giebt die Verhältnisse der Objekte zu einander an, und diese können nur durch Denken erklärt werden, der Verstand ist aber denkunfähig, hingegen besitzt die Vernunft Denkfähigkeit. Durch die Anwendung der allgemeinen Causalität erlangen wir zwar die Kenntniss der Wirkung von Ding auf Ding, aber dabei werden wir vom Ding selbst abgeleitet; die Causalität berichtet z. B. dass der Wind die Erde ausdörrt, dass dadurch die Saat verkümmert, woraus eine spärliche Frucht folgt etc. Dabei werden wir durch die entstehende Causalreihe immer mehr vom ursprünglichen Objekt „Wind“ abgelenkt, daraus ergiebt sich, dass wir die Causalreihe weder als Beweis für noch als Beweis gegen das Dasein Gottes gebrauchen können, denn sie führt nicht in die Vergangenheit der Dinge, dazu dient die Entwickelungsreihe. Durch die Entwickelungsreihe werden wir belehrt, dass die organischen Kräfte sich auf einige wenige chemische Kräfte reduciren; dabei aber kommen wir auf immanentem Gebiet niemals über die Vielheit hinaus. Andererseits weist die Vernunft unbeirrt darauf hin, dass die im Grund existirende Wesensgleichheit der Kräfte nothwendig auf eine ursprüngliche Einheit zurückzuführen sei. Mainländer findet nun, dass nichts übrig bleibe, als die letzten Kräfte auf transcendentem Gebiet zusammenfliessen zu lassen. „Es ist ein vergangenes, gewesenes, untergangenes Gebiet, und mit ihm ist auch die einfache Einheit vergangen und untergangen“ (p. 28).

Ähnlich wie in Ibsen's Drama „Die Gespenster“ der Urheber der unheilvollen, düsteren Entwickelung bei Beginn derselben bereits todt ist, die Bewegung aber gleichwohl seiner Saat entspriesst, ist in der Phil. d. Erls. der Welturheber bei Beginn der Welt bereits todt, die Fortbewegung entstammt jedoch seiner Saat. Ursache der Weltentstehung ist (wie aus Analitik, Physik und Metaphysik hervorgeht): dass eine vorweltliche Einheit ihres Überseins müde in das Nichtsein einzugehen beschloss. Sie hatte wohl die Macht anders zu sein, aber nicht die, plötzlich nicht zu sein.*) Im ersten Falle verblieb sie im Sein, im letztern sollte sie nicht sein: da war sie sich aber selbst im Wege, denn dieses bestimmte Überwesen in einem bestimmten Übersein ruhend, konnte nicht durch sich selbst, als einfache Einheit, nicht sein. „Der Zerfall in die Vielheit stellte sich hiernach dar: als die Ausführung der logischen That des Entschlusses nicht zu sein oder mit andern Worten: die Welt ist das Mittel zum Zweck des Nichtseins,

---

*) Auch Hartmann motivirt die langsame Erlösung des All-Einen mittelst des qualenreichen Weltprozesses durch eine Beschränkung seiner Allmacht: „Alles steht in Gottes Macht — nur nicht seine Macht selbst; alles hängt von seinem Willen ab, nur nicht sein Wille selbst“ (Religion d. Geistes p. 263).

und zwar ist die Welt das einzige mögliche Mittel zum Zweck" (p. 28, 324, 325 u. Essays p. 200).

Mit wundervollem Tiefsinn ist hier die absolute Subsistenz als transcendentaler und unzeitlicher Tod gefasst, der unter dem Schein des Lebens im innersten Kern nur den sinnlichen und zeitlichen Tod setzt. Das Dasein ist bloss das Ephemere, Vorübereilende, und jede neue Form des Daseins entsteht nur durch Zerstörung, durch den Tod der Eigenschaften des Vorangegangenen. Alles Wesen und Wirken der Welt besteht in dem, dass die existenten Gebilde der Vernichtung verfallen. Der Werdeprozess ist auch ein Entwerdungsprozess. Eine verwandte, dem Leben heterogene Auffassung des absoluten Princips, resp. des Willens, bekundet auch Bahnsen. Der übersinnliche Tod waltet schon im Leben und bekundet sich im Wollen und zugleich Nichtwollen des Willens, womit im Grunde kein anderes Ziel als das Leere der Nihilenz erreicht ist. Das Motiv ist ein nichtseiendes und der Wille ist ein Nichtseinwollendes, zwei μὴ ὄντα die sich aufheben und damit in ein letztes Ur—Nichts einmünden. Der Begriff der Ewigkeit und der Null sind congruent. (Siehe Reald. Bd. II p. 450—456). Übereinstimmende Gedanken spricht auch Ludwig Feuerbach aus.

Der Zerfall in die Vielheit, diese erste, letzte und einzige That der einfachen Einheit, war auch die erste Bewegung, und alle Bewegungen, die ihr folgten, sind nur ihre Fortsetzungen. Die allgemeine Bewegung differenziert sich in vier Bewegungsklassen, in denen der Wille zum Leben (Maske für Wille zum Tode, wie sich weiter zeigen wird) in vier verschiedenen Typen in die Erscheinung tritt. Bewegung und Wille zum Leben sind Wechselbegriffe. Bewegung ist das Merkmal des Lebens. Selbstverständlich ist hier nur vom innern Trieb die Rede.

Äussert sich der Wille zum Leben in einer einheitlichen und ungetheilten Bewegung, so ist das Objekt ein unorganisches. Ist die Bewegung ein Mal gespalten und es tritt damit Irritabilität d. h. Reaction auf den äussern Reiz ein, so haben wir bereits ein organisches Individuum und zwar die

Pflanze vor uns. Hat sich aber der individuelle Wille derartig gespalten, dass er in ein Gelenktes und einen Lenker, oder in Irritabilität und Sensibilität auseinander geht, so objektivirt er sich im Thier. Die Sensibilität d. i. der Geist, ist nichts anderes als ein Theil der dem Willen wesenhaften Bewegung. Damit reisst Mainländer, ähnlich wie es Hartmann that, die Schranke zwischen beseelter und unbeseelter Natur nieder, ohne es aber plausible zu machen, warum die blosse Bewegung ein Mal ein Sosein und einmal ein Anderssein bewirke. Ein je grösserer Theil der Bewegung sich gespalten hat, desto höher steht das Thier, desto grössere Bedeutung gewinnt der Lenker oder Geist. Durch eine weitere Spaltung des restlichen Willens entsteht das Denken in Begriffen, wodurch der Mensch gesetzt ist. Der Geist steht zum Wollen des Thieres in einer zweifachen, zu dem des Menschen in einer dreifachen Beziehung. Die zwei gemeinsamen Beziehungen sind: dass der Geist im Thier wie im Menschen der Lenkende ist, doch nur insofern, als er die vom Willen erwählte Richtung einschlägt; dann kettet er bei beiden an den Willen das Gefühl. Das Gefühl ist der Grundstock der realen Individualität. Durch das Gefühl, welches die eigene Wirksamkeitssphäre bis in die äusserste Spitze angiebt, nimmt man von sich Besitz. Die Beziehung, in welcher der Geist nur beim Menschen allein zum Willen steht, ist: dass er ihm das Selbstbewusstsein erschliesst, wodurch er in sein Inneres blicken kann.

Jedes aus der Sensibilität hervortretende Organ ist eine besondere Art der Objektivation des Willens, so ist das Gehirn die Objektivation der Bestrebung des Willens, die Aussenwelt zu erkennen. (p. 54).

Der restliche Theil der Bewegung, aus der sich Sensibilität und Irritabilität ausgeschieden, bildet das Blut; das ist der Fürst, der Dämon des Organismus; in ihm wurzeln die naturalistischen Triebe des Menschen. Das Blut ist aber auch von höchster Bedeutung für die intelligible Thätigkeit, weil es das Gehirn actuirt. Die Sensibilität, die Irritabilität und das Blut sind somit die das thierische und menschliche Individuum bildenden

Elemente. Das seelische Prinzip, welches ihre Functionen verbinden und leiten sollte, fehlt. Dies könnte als eine Analogie mit dem Materialismus erscheinen. Eine noch grössere besteht darin, dass man sich auf immanentem Gebiet befindet und dass alle Kräfte entstanden sind. Hingegen besteht darin ein markanter Gegensatz zum Materialismus, dass dieser nur Veränderungen in der Welt anerkennt, aber keinen Verlauf derselben, während der Weltverlauf in der Philos. d. Erls. ein eben so festes und fundamentales Postulat ist, wie in der Philos. des Unbew.

Jeder Organismus — dies generell genommen als Repräsentant der Reiche — ist im Grunde eine chemische Verbindung mit einer eigenen Bewegungsweise. Bewegung ist die einzige Äusserungsform des Willens auf allen Objektivationsstufen. Wie oben bemerkt, besteht kein principieller Unterschied zwischen organischen und unorganischen Objektivationen. Die organischen Körper haben lediglich den Vorzug, eine vollkommenere Form für die Zermürbung und Abschwächung der Kraft zu sein, und sie sind dies durch vermehrtes Leiden.

„Bestimmte Willensqualitäten bilden den Charakter des Menschen.“ (p. 169). Doch ist der Charakter des Menschen, obgleich angeboren dennoch nicht unveränderlich (dies entgegengesetzt der Schopenhauer'schen Ansicht); Erziehung und Schicksale können manche Anlagen hervorziehen und andere unterdrücken. Doch auch die Individuen der niedrigern Reiche besitzen Charakter, er liegt in der Art, wie sich der Lebenswille äussert. Und jedes Individuum, sämmtlicher Reiche, hat seine Zustände, welche Umwandlungen des normalen Willens aus eigener Kraft sind.

Unter Individuum versteht Mailänder eine en bloc genommene einheitliche Kraftsphäre und nicht eine atomistisch aufgebaute, wie Hartmann. Dieser Mangel quantitativer Bestimmungen ist bei Mainländer um so nachtheiliger, als er das Individuum, gleich den Materialisten, nur als eine chemische Verbindung anerkennt, und die Chemie ohne das Regulativ der Äquivalenz ein heilloses Chaos wäre.

Dass aber der blinde dumme Wille, sich gleichwohl so planmässig vernünftig benimmt, um ganz aus sich heraus, ohne Direktion und ohne Norm, mit dieser morphologischen und biologischen Zweckmässigkeit die vier Reiche das Seienden zu constituiren, erscheint als eine etwas willkürliche und in der Luft schwebende Position.

Mainländer's ontologische Darlegung kann auch kaum als ein Glanzpunkt seiner Philosophie gelten.

So gut wie in jedem chemischen Produkt die elementaren Individuen fortleben jedoch im gebundenen Zustand (im Wasser z. B. Sauerstoff und Wasserstoff), so und nicht anders ist es auch beim Menschen. Auch die Willensqualitäten dieser sind auf das Kind übertragen. Das neue Individuum ist somit nur eine Verjüngung und ein Weiterleben des älteren. Stirbt der Organismus, so zerfallen die von ihm assimilirten und ihn constituirenden chemischen Kräfte; sie treten auseinander und setzen dann ihre Thätigkeiten in andern Gebilden fort. „Vor einem Leichnam stehend hat der immanente Philosoph die Frage an die Natur zu stellen: „Ist die Idee vernichtet oder lebt sie fort?“ (p. 83). Und die Natur wird ihm antworten: sie ist todt, wenn sich das Individuum nicht in Kindern verjüngt hat, und sie lebt, wenn es auf Kinder blickt. Diese Antwort ist „das Trosteswort der Trostesworte“ (p. 84), denn sie zeigt sowohl demjenigen, der das Leben bejaht, als dem, der es verneint, den Weg, auf welchen er einigermassen sein Ziel erreichen kann.

Hinsichtlich der kosmologischen Construction des Weltkörpers schliesst sich Mainländer der Hypothese Franklin's an, nach welcher der innerste Kern der Erde von comprimirten Gasen gebildet ist, über welche flüssige Körper schwimmen, die wieder von der festen Erdkruste umkleidet sind. Das jetzige Weltall ist gar nicht anders denkbar, denn als eine endliche, aber für unsern Geist unermesslich grosse Kugel, mit einer flüssigen oder ausserordentlich leichten festen Schale, innerhalb welcher jedes unorganische Individuum gehemmt ist, das Ziel seines Strebens zu erreichen. Im Werden der physischen Welt sucht Mainländer den Nachweis für das Gesetz zu erbringen, welches die fundamentale Voraussetzung seines philosophischen Baues ist, das Gesetz von der Schwächung der Kraft. „Das Gesetz der Schwächung der Kraft ist Weltalls-Gesetz. Für die Menschheit heisst es Gesetz des Leidens" (Esys. p. 510). „Wie die Geologie für das unorganische Reich, so ist die Paläontologie für das organische die wichtige Urkunde, aus der über jeden Zweifel erhaben, die Wahrheit geschöpft wird, dass im Kampfe ums Dasein die Individuen sich zwar vervollkommen und immer höhere Stufen der Organisation erklimmen, aber dabei schwächer werden" (p. 95).

Mainländer nimmt also mit seinem Gesetz von der Schwächung der Kraft Stellung gegen das in der Naturwissenschaft eingebürgerte, von Robert Mayer gefundene und auch von Lavoisier und Moleschott erkannte Gesetz, der Unzerstörbarkeit der Kraft*). Er vertraut fest auf die künftige Anerkennung seines Axioms (selbst an Schönheit nehme das Menschengeschlecht täglich ab), und scheint es nicht zu bemerken, dass er sich mit der Berufung auf die Urkunde selbst schlägt; denn da sie lehrt, dass sich die Individuen im Kampfe immer vervollkommnen und höhere Stufen der Organisation erreichen, so verhält sich dies zu ihrem Schwächerwerden als ein Umsatz der Kraftsumme. Statt einer Kraftverminderung ist richtiger eine Kraftumwerthung eingetreten. Er selbst sagt fast das Nämliche an einer andern Stelle (Esys. p. 489): „Aus dem Geschlecht der Titanen entsteht durch geschichtlichen Prozess ein Geschlecht der Denker." Und dasselbe drückt er noch mit andern Worten aus, indem er das in der Culturgeschichte verfolgte „Gesetz des Leidens, das den Willen schwächt und den Geist stärkt", als „Umbildung der Bewegungsfaktoren" bezeichnet. Eine ähnliche Umwerthung wird wahrscheinlich auch in der unorganischen Natur stattgefunden haben; der Umfang

*) Robert Mayer „Bemerkungen über die Kräfte der unbe. Natur" in den Annalen der Chemie von Wöhler und Liebig Bd. XVI 1842, Lavoisier, Oeuvres de Lav. herausgegeben vom franz. Cultusminist. 1862, Moleschott „Kreislauf des Lebens"

der Gewächse wird sich in veredelter Beschaffenheit, die extensive Gestalt in intensive Eigenschaften umgesetzt haben, so wissen wir wenigstens, dass Riesenpflanzen, wie die regia victoria, keine Düfte ausstrahlen, während die lieblichsten Wohlgerüche kleinen Blüthen, wie dem Veilchen und der Reseda entströmen.

In seiner Darlegung des Schicksalsproblems, welches die Probleme von Freiheit und Nothwendigkeit involvirt, verquickt Mainländer Momente der Karma-Lehre, nach welcher der Mensch aus seinem innersten Wesen heraus, unter dem Zwang seiner Natur, d. h. seiner früheren Thaten, sein Schicksal herausgestaltet — mit der Lehre des Pantheismus: dass das Weltschicksal ein einheitliches ist und dass die Bewegung der ganzen Welt einem Ziele zustrebt. Diese Theorien sind nun in Mainländer's Schicksalsbegriff verschmolzen, in dem Freiheit und Nothwendigkeit in einander greifen.

„Alles, was ist, war in der einfachen vorweltlichen Einheit. Alles, was ist, hat demnach bildlich geredet, am Entschlusse Gottes, nicht zu sein, theilgenommen, hat in ihm den Entschluss gefasst, in das Nichtsein überzutreten. Das retardirende Momemt, das Wesen Gottes, machte die sofortige Ausführung des Beschlusses unmöglich. Die Welt musste entstehen, der Prozess, in welchen das retardirende Moment allmählig aufgehoben wurde. Diesen Prozess, das allgemeine Weltallsschicksal, bestimmte die göttliche Weisheit (wir reden immer nur bildlich), und in ihr bestimmte Alles, was ist, seinen individuellen Lebenslauf" (p. 355).

So hat die Karma-Lehre Recht, weil man selbst in einer vorweltlichen Existenz sein Schicksal bestimmte, und so hat auch der Pantheismus Recht, weil der ganze Weltprozess eine einheitliche Bewegung nach einem Ziele ist.

„Und nun erwäge man den Trost, die unerschütterliche Zuversicht, das selige Vertrauen, das aus der metaphysisch begründeten vollen Autonomie des Individuums fliessen muss. Alles, was den Menschen trifft: Noth, Elend, Kummer, Sorge, Schmach, Verachtung, Verzweiflung, kurz alles Herbe des Lebens, fügte ihm nicht eine unergründliche Vorsehung zu, sondern er erleidet dieses Alles, weil er vor der Welt, Alles als das beste Mittel zum Zwecke selbst erwählte. Alle Schicksalsschläge, die ihn treffen, hat er erwählt, weil er nur durch sie erlöst werden kann" (p. 357).

Leider wird diese Motivation durch ihre Widersprüche leck. Der Hauptwiderspruch ist der, dass, wenn jedes einzelne Individuum noch im Schoosse der vorweltlichen einfachen Einheit so vernünftig resp. so unvernünftig war, sich sein Schicksal, Alles, was ihn trifft, zu wählen, dann überhaupt von einer einfachen Einheit nicht mehr die Rede sein kann, da ja schon die verschiedenen Hinz und Kunz Differenzierungen der Einheit waren. Damit wird auch der Grund der Weltwerdung hinfällig, wonach Gott mittels der Zersplitterung in derselben ins Nichtssein eingehen will. Gab es hingegen keinen Sonderwillen, sondern jede Willensregung war Inhärenz der in „absoluter Einsamkeit" wohnenden einfachen Einheit, dann hat ja diese die Schicksale bestimmt, und die Individuen sind in diesem Fall so wenig autonom, wie in den von Mainländer so übel angesehenen pantheistischen Systemen.

Überdies hätten von dieser „vollen" überweltlichen Autonomie die Bürger des intramendanen Jammerthals so wie so nichts, „denn in der Welt kennen wir diese totale Abhänglichkeit des Ichs von sich selbst und dem entsprechenden Motiv, also nur Nothwendigkeit", wie dies Mainländer auch in der Ethik bestärkt.

Der Dämon, d. i. das Blut, resp. das Naturell, spielt eine Hauptrolle in der innenweltlichen und ethischen Abhängigkeit, und spielt eine solche auch in den psychischen Zuständen, namentlich im Gefühlsleben. Träger der psychischen Vorgänge sind in der Philosophie der Erlösung der Dämon und die Sensibilität, der einigende und leitende Seelenfaktor fehlt.

Im Dämon, d. i. in der leichtfliessenden oder gehemmten Thätigkeit des Blutes und der Einwirkung derselben auf den Betrieb der Organe, namentlich auf das Herz, ist die Quelle der Lust und Unlustempfindungen zu suchen.

In einem negativen Moment des Dämon's, nämlich in der Begierdenlosigkeit, liegt mit eine Voraussetzung für das Eintreten in den idealsten Zustand, und zwar in den des ästhetischen Geniessens. In der Ästhetik kommen nun zwei weitere Verbesserungen der Schopenhauer'schen Lehre vor: sie betreffen das „willenlose Erkennen“ und die „Idee“ als inhaltliches Motiv. (Über erstern Punkt spricht sich übrigens auch Hartmann in gleicher Weise verwerfend aus). Im ästhetischen Geniessen, lautet Schopenhauer's wenn auch theoretisch anfechtbare, jedoch durch grossen Feinsinn ausgezeichnete Stelle (Welt als Wille und Vorstellung I. p. 210 ff): erfasst man das Ding nicht wie im praktischen Leben nach seinen Relationen nach der Seite, nach der es dem Interesse entspricht, sondern man erfasst es als Idee, die das Resultat der Summe aller Relationen ist. Indem sich der Geniessende im Anschauen desselben so verliert, dass er selbst dieser Gegenstand wird, da das Bewusstsein nichts als dieses Bild umschliesst, wird er in diesen mystischen Verschmelzen „reines, willenloses, schmerzloses und zeitloses Subjekt des Erkennens. Diese Ansicht findet Mainländer für falsch und erhebt dagegen I) den Einwand: dass der Wille nicht aus dem Bewusstsein eliminirt werden kann, wo kein Wille ist kein Sein vorhanden (Wille, Leben und Bewegung sind Correlatbegriffe), es scheine jedoch als ob der Wille in der ästhetischen Contemplation ruhe, weil seine Bewegung nicht in das Bewusstsein trete, das ganz im Anschauen verloren ist. Die Wichtigkeit des Willens hat sich beim ästhetischen Geniessen nicht verändert, aber wohl sein Zustand, denn „er athmet so leise, wie das glatte sonnige Meer“ (p. 504 und p. 117). In diesen Zustand wehmüthig seligen Verschwebens versetzt vorzugsweise ein einsamer Aufenthalt in friedlicher Naturstimmung.

Hinsichtlich der Idee urtheilt Mainländer gewiss mit Recht, dass diese als Abstraktum weder darstellbar für den Künstler noch Moment der Anschauung sein kann. Dieses kann nur das Objekt sein, d. h. das durch die Raum- und Materieform des Subjektes gegangene Ding an sich. Kein Landschafts-

Maler ist im Stande bei der Darstellung einer Eiche von der raum- und materielosen „Idee“ Eiche auszugehen, sondern er geht von ihrer Gestalt, von der eigenen Farbe und Form ihres Stammes, ihrer Blätter und Zweige aus. Das zeitlose Herausgehobensein von Subjekt und Objekt bei der ästhetischen Betrachtung, das Zurückweichen der Wirklichkeit mit ihrem Eumeniden-Gefolge bei derselben, hat wahrscheinlich Schopenhauer zur fälschlichen Interpretirung verleitet, dass man sich in die ewigen, ungewordenen und unzerstörbaren Urtypen verliere.

Grund des Schönen ist in Mainländer's Ästhetik die harmonische Bewegung; es ist die Objektivirung der Fortsetzung der ersten harmonischen Bewegung als Gott starb und die Welt geboren wurde. Und deshalb übt auch das Schöne einen beruhigenden Eindruck, es lullt die dämonischen Triebe ein. Im Reich des Schönen wird auf nichts mehr gewartet, Alles ist vollendet. In der Wissenschaft wird es noch Fortschritte geben, im Schönen keine mehr.

Wohl ist nicht jedes ästhetische Geniessen beschwichtigender Art, und nicht jedes Schöne deckt sich mit dem Axiom der „harmonischen Bewegung“; beides ist z. B. nicht der Fall bei der in ihrer Wirkung aufwühlenden und in ihren Momenten contrastirenden Tragödie. Allein diese wird auch in ein eigenes Distrikt des Schönen, nämlich in das Erhabene versetzt. Das Erhabene beruht auf einer besonderen Art von Bewegung, es beruht auf einer Doppelbewegung, auf der zwischen Todesfurcht und Todesverachtung oscillirenden Bewegung, aus der sich für Momente die Contemplation abklärt. Zeigt sich in einem menschlichen Individuum Todesverachtung in Folge von Unerschrockenheit und Gesinnungsfestigkeit, so inhärirt Erhabenheit dem ihm zu Grunde liegenden Ding an sich, und man kann hier mit Recht von einem erhabenen Character sprechen. „Die Erhebung über das Leben ist das einzige Kriterium des erhabenen Characters“ (p. 130). Dies ist wohl richtig, doch weniger richtig ist es, dass, wenn ein Individuum Todesverachtung aus Gesinnungsfestigkeit zeigt, dann Erhabenheit dem ihm zu Grunde liegenden Ding an sich inhärirt; das Ding an sich ist eine metaphysisch-physische Wirksamkeit, und Erhabenheit des Character's ist ein ethisches Resultat; Mainländer hat hier die Verhältnisglieder verschoben, und bei seiner Annahme, dass der Character bildungsfähig sei, ist es vollends unberechtigt, die Erhabenheit desselben dem blinden Lebenstrieb zu vindiciren, nur beim dynamisch Erhabenen kommt die Erhabenheit dem Ding an sich d. h. dem Naturwesen zu. Die Lehre vom Schönen ist mit der Kunstlehre verbunden. Unter den Künsten stellt Mainländer die Poesie im Allgemeinen am höchsten, weil sie die einzige Kunst ist, welche in das Ding an sich eindringt, seine Zustände und seine Eigenschaften enthüllt, und es zugleich als Objekt, durch die Beschreibung in der Einbildungskraft entstehen lässt. Doch findet bei den Künsten der Zeitform, bei der Poesie und Musik, kein eigentliches Objektsein für das Subjekt statt; hier geht nicht ein äusserer Reiz in die Formen von Raum und Materie ein, um dann dem Subjekt als Objekt gegenüber zu stehen; es handelt sich also hier nicht um Anschauungen, und deshalb ist es dem Dichter und Componisten auch gestattet, der Idee näher zu treten, und die Willensqualitäten und Willenszustände zu erfassen, die ihr wenigstens potentiell innewohnen.

Die Ästhetik und die Ethik haben tiefe, aus ihrem innersten Wesen hervorgehende Berührungspunkte gemein, so liegt der höchste Aufschwung in beiden darin, dass der Geist den Willen durch ein Motiv dermassen gefesselt halten kann, dass die Begierden in ihm ersticken. Dieses Verhältniss tritt namentlich im Zustand der Begeisterung ein, deren Grundlage wieder eine Doppelbewegung ist; die Characteristik der Glieder des Bewegungsvorganges ist jedoch auf beiden Gebieten verschieden; während der erste Theil der ästhetischen Begeisterung schmerzlose, wehmüthig selige Contemplation ist, so ist der erste Theil der moralischen Begeisterung ein peinliches Schwanken zwischen extremen Empfindungen. Ein solches Schwanken findet z. B. statt, wenn ein Bürger, der mit Widerwillen und nur aus Furcht vor Strafe seine Pflichten gegen den Staat erfüllte, durch eine drohende Kriegsgefahr und durch die Schreckbilder, welche sie erweckt, zur Erkenntniss der Wohlthat einer geordneten und schützenden Lebensgemeinschaft kommt; die Gesinnung ist umgewandelt, die Opfer werden jetzt gerne gebracht und aus dem entzündeten Willen lodert Vaterlandsbegeisterung auf.

Das Problem der Ethik ist die Eudämonik oder Glückseligkeitslehre, und die Characterform, in der sich das Fundamental-Princip der Welt, der Wille zum Leben, im Handeln kund giebt, ist der Egoismus. Die Aufgabe der Ethik ist, „das Mittel anzugeben, wie der Mensch zum vollen Herzensfrieden, zum höchsten Glück gelangen kann“ (p. 169).

Der Egoismus des Menschen zeigt sich nicht nur im Erhaltungstrieb, sondern auch im Glückseligkeitstrieb, der Mensch will nicht nur das Leben, sondern er will auch in jedem Moment desselben die volle Befriedigung aller seiner Begierden und Wünsche. Keine Idee aber, sei sie eine chemische Kraft oder ein Mensch, ist unabhängig und selbstständig. In der Welt wirken alle Individuen aufeinander, machen sich die Stelle streitig und beschränken sich. Und deshalb ist kein Lebenslauf nachzuweisen, auch nicht von den Mächtigsten, der eine Aufeinanderfolge erfüllter Wünsche wäre.

Da nun der Egoismus des Menschen die erstrebte allgemeine Befriedigung nicht erlangen kann, so sucht er wenigstens die Stillung einzelner Begierden (oder die Befreiung vom Schmerz) zu erreichen. Jede Begierde ist ein Mangel, somit ein lebhaftes Gefühl der Unlust; da aber die Befriedigung in ein erhöhtes Gefühl, in dem des Genusses besteht, so scheint es, als wenn dadurch eine Ausgleichung statt fände. Allein da jedes Gefühl der Lust mit einem Gefühl der Unlust erkauft wird, so hat der Wille im Grunde bei diesem Handel nichts gewonnen. Noch mehr, da die Begierde, also der Mangel, viel länger währt als die Befriedigung, so steht die Bilanz sehr zu Ungunsten der Eudämonologie. Eine Philosophie, die auf der metaphysischen Basis ruht, dass der transcendentale Urheber des Daseins selbst, das Nichtsein dem Sein vorzog, kann nicht anders als pessimistisch sein; sie kann somit keine sonnige „Tochter Iovis" sein; und neben diesen metaphysischen Grund, gestalten noch tiefempfundene Gründe aus dem Thale der Thränen Mäinländer's System zu einem tief pessimistischen. Da aber dem Egoismus, der sich als Consequenz des Individualismus ergiebt, das Glücksverlangen inhärirt, so ist Mainländer's Pessimismus eudämonologischer Art, ähnlich dem von Hartmann.

Der Mensch hat vermöge seines höhern Erkenntnissvermögens die Wahl, sich eine Entsagung in der Gegenwart aufzuerlegen, in der Hoffnung sich dadurch einen grösseren Genuss in der Zukunft zu verschaffen, oder er will der unsicheren Zukunft nicht vertrauen, und opfert den möglichen Genuss oder das Behagen in derselben dem jetzigen Augenblick. Man könnte als Beispiel für den ersten Fall das Sparen und Wahren, als Beispiel für den zweiten Fall das Verschwenderische, Indentaghineinleben anführen. Aus diesen Fällen geht die Deliberationsfähigkeit des Menschen hervor, woraus aber durchaus noch kein Schluss auf das liberum arbitrium indifferentiae, auf seine Willensfreiheit zu ziehen ist. „Der Wille ist niemals frei und alles in der Welt geschieht mit Nothwendigkeit" (176). Der Mensch hat einen bestimmten Character, das Motiv tritt mit Nothwendigkeit aus dem Zusammenhang der Geschehnisse, als Glied der Causalreihe, welche mit Nothwendigkeit herrscht, hervor, „und der Character muss ihm mit Nothwendigkeit folgen, denn er ist ein bestimmter und das Motiv ist zureichend" (p. 177). Der Mensch ist selbst dann nicht frei, wenn eine Erkenntniss oder ein Prinzip ihn bestimmt gegen seinen Character zu handeln, wie in dem obigen Beispiel der moralischen Begeisterung, denn das Prinzip ist mit Nothwendigkeit in ihm aufgegangen und wirkt mit Nothwendigkeit auf sein Wesen.

So wenig wie die Deliberationsfähigkeit eine Bresche in die Nothwendigkeit zu schlagen vermag, so wenig vermag dies der Egoismus, vielmehr ist der Egoismus der Kitt, welcher die Causalglieder bindet. Und die höchste wie die niedrigste Handlung ist egoistisch, denn sie fliesst aus einem bestimmten Ich, bei zureichendem Motiv und kann nicht unterbleiben. Der

Barmherzige muss die Thränen Anderer trocknen, sonst wäre er nicht befriedigt, und der Hartherzige wäre nicht befriedigt, wenn er den Schmerz lindern würde.

Im Naturzustand war dem Egoismus ein den Nächsten gefährdender freier Lauf gelassen, doch der Staat mit den Urgesetzen: „keiner darf stehlen, und keiner darf morden,“ sollte ihn in Schranken halten und eindämmen. Die staatliche Einrichtung vermochte aber nicht ganz den Egoismus zu bändigen und nicht alle Auswüchse desselben sind für den Strafcodex erreichbar. Das Individuum musste daher noch weiter durch eine andere Gewalt beschränkt und gebunden werden, diese Aufgabe fiel der Religion zu. Die Religion, und zwar die Lehre Christi, bestätigte nicht nur die Gesetze des Staates, sondern fügte noch das für den kalten Egoisten unerhörte Gebot der Nächstenliebe hinzu. Dass aber die christliche Lehre ihre höchsten Verheissungen der Virginität zuerkennt, dies musste mehr als alle andern Gebote (Feindesliebe und Armuth) den Egoismus binden und beugen, da hierdurch eine Haupttriebfeder desselben, das Streben für die Kinder, in denen man fortlebt — wegfällt. Mainländer scheint es nicht bemerkt zu haben, dass er hier gegen sich selbst zeugt, nämlich gegen seine Coordination der Prinzipien: Egoismus und Virginität.

Die Handlungen, welche durch die Gesetze des Staates oder durch die Gebote der Religion erzwungen werden, haben Legalität aber keine Moral. Moralisch sind solche Handlungen, welche in Übereinstimmung mit Staat und Kirche sind und dabei gern geübt werden.

Mainländer's Entscheidung der axiologischen Frage, der Frage nach dem Werth des Lebens, kann natürlich nicht anders als düster lauten.

Die Welt ist eine Jammerstätte und das Leben ist eine Verkettung von Noth, Elend und Plage; allein soweit von Glück die Rede sein kann, wird dieses dem Gläubigen zu Theil, der alles Irdische in sich ausgelöscht und dessen Wille sich an dem Gedanken des ewigen, seligen Lebens im Schoosse Gottes entzündet hat (Verwandtschaft mit Hartmann's zweitem

Illusionsstadium). Die ruhevolle Beschaulichkeit des ästhetischen Zustandes ist bei ihm permanent geworden; auch bei ihm tritt ein zeitloses Verschweben ein, wobei ihm Leben und Tod gleichgültig wird.

Diesen Zustand des Heiligen muss die immanente Philosophie als den glücklichsten anerkennen. Nachdem sie nun das höchste Glück des Menschen gefunden, aber unter einer Voraussetzung, die sie nicht anerkennen darf, will sie die Ethik nicht abschliessen, ohne zu untersuchen, ob dieser Zustand nicht auch einem immanenten Erkenntnisgrund entstammen kann; damit steht sie vor dem wichtigsten Problem der Ethik, das man die wissenschaftliche Grundlage der Moral nennt.

Der immanente Erkenntnissgrund des erreichbaren Glückes ist der „ideale Staat", der als Ergebniss der fortschreitenden Entwickelung eintreten muss. Der „ideale Staat" vertritt, wie Hartmanns drittes Illusionsstadium, den socialistisch-evolutionistischen Höhepunkt, der in der Philosophie der Erlösung, wie in der Philosophie des Unbewussten, die Vorhalle des Nirwanna ist.

Der „ideale Staat" umfasst „Alles, was Menschenangesicht trägt", und er ist der vereinigte Gipfel aller Culturrichtungen. Alle Entwickelungsreihen seit Beginn der Geschichte weisen auf dieses Ziel hin. Daraus ergiebt sich die nothwendige und unwiderstehliche Gewalt, welche „die Wollenden und Nichtwollenden" unerbittlich auf der Bahn weiter führt, die zum idealen Staat führt. Diese reale, unabänderliche Bewegung ist ein Theil des aus der Bewegung aller einzelnen, im dynamischen Zusammenhang „stehenden Ideen continuirlich sich erzeugenden Weltlaufs und enthüllt sich hier als nothwendiges Schicksal der Menschheit" (p. 211). Dieser dynamische Zusammenhang ist eben so stark, eben so jedem Einzelwesen an Kraft und Macht überlegen, „wie der Wille einer einfachen Einheit, in über oder hinter der Welt, und wenn die immanente Philosophie es an Stelle dieser einfachen Einheit setzt, so füllt es den Platz vollkommen aus" (ibd.). Mit nichten; der einfachen Einheit wird eine höhere Macht supponirt, als sie eine Summe immanenter Einzelglieder enthalten kann, es ist eben die transcendentale und immanente Sphären umfassende Macht des absoluten Subjekts, und eine solche Einheit, die nichts weiter ist, als die Resultate ihrer Componenten, bildet gerade den substanziellen Untergrund des perhorriscirten Materialismus.

Durch die Erkenntniss, dass man in seinen Kindern fortlebt, und dass die jetzt bestehende Ordnung einen häufigen Wechsel der Lage bedingt, wird der Wille des Einzelnen zur Hingabe an die Allgemeinheit entzündet; und indem das Individuum in die Bewegung eintritt, handelt es eminent moralisch.

Der von Schopenhauer übernommene Gedanke des Continiums zwischen Ältern und Kindern war bei der Auffassung der perpetuirenden Idee von diesem gerechtfertigt, bei Mainländer steht er jedoch in Widerspruch mit seinem Individualismus. Die Bewegung ist eine Thatsache, aber dieser Bewegung wird noch eine andere folgen, die aus dem Sein in das Nichtsein. Denn erst der sattgewordenen Menschheit wird die ganze Werthlosigkeit des Daseins klar, und dass mit demselben unausrottbare Übel verknüpft sind. Und während aus der ersteren Erkenntniss das Gebot der Allgemeinheit hervortritt, tritt aus der letzteren das Gebot der Virginität hervor, das die christliche Religion als die höchste Tugend preist. Die Bewegung zur erlösenden Vernichtung tritt mit der ernsten Forderung heran, keusch zu sein, damit sie rascher zum Ziele komme. Und Keuschheit bedeutet Liebe zum Tode. Nur ein alle Vortheile überwiegender Vortheil kann den Menschen dahin bringen, den Willen gegen sich selbst zu kehren, und dieser liegt in der Erkenntniss, dass Nichtsein besser ist als Sein. Ein Mensch, der erkannt hat, dass auch das beste Leben wesentlich leidvoll und unglücklich ist, und für den der Zustand des tiefen Schlafes der wünschenswertheste ist, ein solcher Mensch entzündet sich an dem dargebotenen Vortheil, und der entsetzensvolle Gedanke, in seinen Kindern fortzuleben, ist vollends ein Sporn die Virginität zu erfassen. Nun tritt er in die Bewegung ein und fühlt sich in Übereinstimmung mit der Bewegung der

Menschheit; sein Lohn ist der Herzensfriede. Somit haben wir das Glück des Heiligen auch ohne Religion. Auf religiösen wie auf immanentem Gebiet ist das Glück durch Umwandlung des Willens auf Grund eines Vortheils erlangt.

Wer sich in der Verneinung des Willens ganz auf sich selbst zurückzieht, verdient die volle Bewunderung der Kinder dieser Welt; denn er ist „ein Kind des Lichtes." „Aber höher muss und soll man denjenigen schätzen, der, unbewegt im Innern, den äussern Menschen heftig bewegen und leiden lässt, um seinen verdüsterten Brüdern zu helfen" (p. 221). Dieses dem Abtruismus gespendete Lob, wie überhaupt die Aufforderung zur Hingabe an die Allgemeinheit, stimmen gar nicht zu den Postulaten des Individualismus und Egoismus. Hingegen liegt hierin Übereinstimmung mit Hartmanns generalisirter Erlösungstendenz. Und dass die Erlösung der einzige Zweck des historischen Entwickelungsganges ist, sucht Mainländer im brillanden Capitel „Politik" nachzuweisen, in welchem er mit mächtigem, tiefem Blick das titanenhafte Mosaikgemälde der Culturphasen ausführt. Es ist bemerkenswerth, dass er gerade in diesem grandiosen Abschnitt, in dem er mit so viel Wissen und Scharfsinn durch das historische Gewoge von Jahrtausenden den Schicksalsgang der Menschheit verfolgt — im vollständigen Gegensatz zu dem die Geschichte geringschätzenden Schopenhauer steht.

Durch die Wirksamkeit des Gesetzes: dass die Civilisation tödet, indem sie den Geist stärkt und den Willen schwächt, wandert die Menschheit im blutigen, verzweiflungsvollen Ringen dem Nihil zu. „Wie gebleichte Gebeine die Wege durch die Wüste, so bezeichnen die Denkmäler zerfallener Culturreiche, den Tod von Millionen verkündend, die Bahn der Civilisation" (p. 261). Der Geist der Cultur verfolgt den Zweck, die Massen auf diese Stufe zu bringen, welche Einzelne von Ursprung an einnehmen; und die Verwirklichung aller social-politischen Ideale soll zu der Überzeugung führen, dass das Dasein unter allen Verhältnissen Qual ist, und hierdurch für die Erlösung reifen. Gleich am Morgenaufgange der Cultur erheben sich die in überweltlicher Verklärung über die Jahrtausende strahlenden Geistesheroen: Buddha und Christus, die in ihrer heiligen Lebensüberwindung der Menschheit hehre Vorbilder dafür sind, den schwachen Adam abzulegen und in den weisen Helden einzugehen, der alles Irdische und Selbstische überwindet, und das Nichtsein ruhig und milde erfasst.

„Die Erkenntniss dass das Leben werthlos sei, ist die Blüthe aller Weisheit!" Nasci, laborari, mori! Und zu dieser Erkenntnis kamen, ganz a priori, die durch Grossartigkeit und Tiefe ausgezeichneten indischen Religionen; sie wiedertönt zunächst aus dem Pantheismus der Brahmanen. Vollends aber strömen aus Buddha's Lehre die gewaltigsten und erschütterndsten Gedanken über das nichtige Verwehen des von Noth und Jammer gehetzten Daseins aus. Christus seinerseits verlangte Aufhebung des innersten Wesens des Menschen, „welches unersättlicher Wille zum Leben ist, und er liess nichts mehr im Menschen frei; er band und schnürte den natürlichen Egoismus ab, oder mit anderen Worten: er verlangte langsamen Selbstmord" (p. 262). Das Himmelreich bedeutet Seelenruhe und durchaus nichts jenseits der Welt Liegendes, eine Stadt des Friedens, ein neues Jerusalem. „Der rechte Nachfolger Christi geht insoferne durch den Tod ins Paradies ein, als er frei von sich selbst und völlig erlöst ist" (p. 264).

Neben allen religiös-speculativen Ausgestaltungen des Weltwesens und des Menschenschicksals werden die Völker immer weiter getrieben auf der Bahn der Civilisation, deren Grundgesetz das Leiden und deren Endziel die Erlösung ist. Die moderne soziale Bewegung ist eine nothwendige Bewegung, die sich aus der Humanität, aus der politischen Rivalität der Nationen, aus der Fäulniss im Staate selbst und aus dem allgemeinen Schicksal der Menschheit ableiten lässt — und wie sie mit Nothwendigkeit aufgetreten ist, so wird sie auch mit Nothwendigkeit zum Ziele kommen; zum „idealen Staat."

Die Weltordnung ist bei Mainländer durchweg teleologisch, was er nicht genug betonen kann. Während aber die Teleologie bei Hartmann sehr wohl begründet ist, da die Welt unter der Suprematie des allweisen Unbewussten steht, weiss man in Mainländer's herrenloser und atheistischer Schöpfung nicht, wem sie zu verdanken sei; denn auf die Einheit, die vor der Welt existirte, kann man die intramundane Ordnung so wenig zurückführen, als die Strömung des Rheins auf die der Sündfluth. Das Gesetz der Nothwendigkeit beherrscht sowohl die psychische als die kosmische Welt; wie jede Handlung sich mit Nothwendigkeit aus dem Character ergiebt, so ergiebt sich auch mit Nothwendigkeit jede Erscheinung in der Natur. „Obgleich unser Wissen mit Absicht auf die Natur fragmentarisch und lediglich Stückwerk ist, so haben wir doch die unerschütterliche Gewissheit, dass Alles in der Welt mit Nothwendigkeit geschehen ist, geschieht und geschehen wird.“ (p. 342 und Esys. p. 507).

Das ganze unermessliche Weltall bewegt sich demnach mit Nothwendigkeit aus dem Sein in das Nichtsein. Der Wille zum Leben war nur ein scheinbarer, er war bloss das Mittel für den im innersten Kern der Individuen herrschenden Willen zum Tode. Denn die Individuen sind ja nur Mittelzwecke für die Sehnsucht nach dem Nichtsein der vorweltlichen Einheit. „Das Leben wird nicht gewollt, sondern ist nur Erscheinung des Willens zum Tode.“ (p. 330).

So lange noch gasförmige Ideen existiren, ist die vorhandene Kraftsumme noch nicht reif für den Tod. Alle Flüssigkeiten und festen Körper sind reif für den Tod, aber sie können nicht eher Erfüllung ihrer Sehnsucht finden, als bis sämmtliche Gase so geschwächt sind, dass auch sie flüssig oder fest werden. Im organischen Reich, welches die vollkommenste Form für die Schwächung der im Weltall liegenden Kraftsumme ist, springt zunächst in der Pflanze die grosse Thatsache des wirklichen Todes in's Auge, aber der Tod der Pflanze ist nur ein relativer, ihr Streben findet nur theilweise Erfüllung, da sie sich fortpflanzt und in ihren Sprösslingen weiter lebt.

Das Thier, welches eine Verbindung von Wille und Geist auf einer bestimmten Stufe ist, hat einem bestimmten Objekt gegenüber instinktive Todesfurcht. Das Thier will im tiefsten Innern seine Vernichtung, und dennoch fürchtet es den Tod vermöge seines Geistes.

Im Menschen, bei dem eine weitere Spaltung des Willens und inplicite der Bewegung stattgefunden hat, ist zur Vernunft, die das Mannigfaltige der Wahrnehmung verbindet, das Denken getreten, die reflektirende Vernunft. Dadurch wird seine Todesfurcht, aber auch die Liebe zum Leben gesteigert. Er überblickt unendlich mehr Gefahren als das Thier, aber es offenbart sich in ihm auch ein unvergleichlich grösserer Reichthum von Lebensformen, welche seine Triebe anfachen. Auf diese Weise wird der Tod gehasst und das Leben mit Leidenschaft geliebt. Nur von Zeit zu Zeit äussert sich im Innern der Zweck des Daseins als tiefe Sehnsucht nach Ruhe. Vor dem Geiste des Denkers aber steigt strahlend aus der Tiefe des Herzens der reine Zweck des Daseins empor. „Nun erfüllt das erquickende Bild ganz seine Augen und entzündet seinen Willen: machtvoll lodert die Sehnsucht nach dem Tode auf. Und ohne Zaudern ergreift der Wille in moralischer Begeisterung das bessere Mittel zum erkannten Zweck, die Virginität. Ein solcher Mensch ist die einzige Idee in der Welt, welche den absoluten Tod, indem sie ihn will, auch erreichen kann.“ (p. 334). Der Denker oder „weise Held“, zerbricht die Form und keine Macht im Weltall kann sie neu bilden. Sie ist für immer in ihrer Eigenthümlichkeit und der damit verbundenen Daseinspein aus dem Buche des Lebens gestrichen.

Aber auch objektiv und im allgemeinen genommen, ist der Mensch durch seine vielfache Spaltung und dadurch vermehrte Leidensfähigkeit der Hauptfaktor für die Schwächung der Kraftsumme. Auf Schwächung der Kraftsumme beruht bei Mainländer in ähnlicher Weise der Erlösungsprozess, wie bei Hartmann auf Erstarkung des „logischen Princips.“ In beiden Systemen erscheint das schöpferische Übersein als erstarrt in erbarmungslos kalter Selbstsucht.

Im idealen Staat wird die Menschheit das „grosse Opfer“ bringen, d. h. sterben; in welcher Weise es gebracht werden wird, kann Niemand bestimmen. Ist aber das „grosse Opfer“ gebracht, so wird sich nichts weniger ereignen, als was man auf dem Theater einen Knalleffekt nennt. Weder Sonne, noch Mond, noch irgend ein Stern wird verschwinden. Er begnügt sich zu constatiren, „dass der Abgang der Menschheit von der Weltbühne Wirkungen haben wird, welche in der einzigen Richtung des Weltalls liegen.“ (p. 343).

Wie er meint, wird „der Tod der Menschheit den Tod des ganzen organischen Lebens auf unserem Planeten zur Folge haben“ (p. 344). Diese gewagte Behauptung wird leider gar nicht zu begründen gesucht. Die höhern Organismen werden sich mit den Menschen erlösen. Die niedrigen werden durch die herbeigeführte Veränderung auf dem Planeten die Bedingung ihrer Existenz verlieren und verlöschen. Leider erscheint es eben so unerfindlich, auf welche Weise sich die höhern Organismen dem „grossen Opfer“ anschliessen können, als wie durch den Abgang der Menschheit Veränderungen auf den Erdplaneten entstehen sollen. Hinsichtlich des kosmischen Weltbildes hält er sich an die Thatsache, „welche wir den Astronomen verdanken,“ dass sämmtliche Weltkörper, durch den Widerstand des Äthers, ihre Bahnen verengern und schliesslich alle in die echte Centralsonne stürzen werden. Wenn noch die Gase aus der Welt verschwinden werden und die Flüssigkeit aus einanderströmen wird, „dann ist Gott thatsächlich aus dem Übersein, durch das Werden, in das Nichtsein eingegangen; er hat durch den Weltprozess gefunden, was er, von seinem Wesen verhindert, nicht sofort erreichen konnte: das Nichtsein. Die absolute Leere, das Nihil negativum breitet sich nunmehr aus: „Es ist vollbracht!“

Die ergreifende Innigkeit von Mainländer's Philosophie kann es nicht übersehen lassen, dass er an Schärfe und Tiefe der metaphysischen Combinationen, so wie an Grossartigkeit naturwissenschaftlicher Kenntnisse Hartmann nicht gleichkommt. Mainländer's Schöpfungsbild schwankt unsicher auf den Widerspruch des metaphysischen Seinsgrundes: dass ein bereits untergegangenes Absolute erst durch den Weltprozess das Nichtsein erreichen will. Dieser palpable Widerspruch scheint ihn in der Folge auch beunruhiget zu haben, denn er ist in den Essay's (p. 510) bestrebt, ihn mit der Erklärung aufzuheben: dass es die Essentia Gottes ist, welche den Weltprozess nothwendig macht, die Existentia Gottes aber sei todt und untergegangen. Die Essentia aber müsse durch den Weltprozess abgeschwächt und vernichtet werden; diese Aufgabe realisire das im Hauptwerk postulirte Gesetz von der Schwächung der Kraft. Durch diese Trennung von untergegangener Existentia und in die Welt entlassener Essentia Gottes, nimmt Mainländer's speculatives Denken eine Wendung nach Hartmann zu, denn die Essentia ist zuletzt dasselbe, was der unbewusste Faktor ist, nämlich Lebenskraft, die bei Hartmann das Princip der sieghaften Logik, bei Mainländer das Princip der Schwächung der Kraft aufhebt. Mainländer's schroffe Finale, das für den menschlichen Geist unerfassbare und unausdenkbare absolute Nichts, ist eine auf die extremste Spitze gestellte Consequenz seines principiellen Axiom's von der Schwächung der Kraft.

Mainländer hat vielleicht auch nicht im Gebiete der rein abstrakten Constructionen das Beste und Innerlichste seines Geistesgehaltes ausgegeben. Ja, man kann sogar direct annehmen, dass er bei seiner zartvibrirenden und drängenden Gefühlswärme, aus der sich hauptsächlich mildes Erbarmen mit der ringenden Menschheit und Ekel vor dem Weltenloos ausschieden, keine gänzliche Befriedigung, kein volles Ausgefülltsein von den willensmetaphysischen Doctrinen empfand. Trotz persönlicher Losgelöstheit, trotzdem das Leben keine Macht und keine Lockung auf ihn ausübte, erscheint Mainländer dennoch nicht thatenlahm. Das Quietiv des Willens war bei ihm nichts weniger als mit Inertia des Mitgefühls verbunden, sondern machte ihn vielmehr freier für das Erfassen der allgemeinen Verhältnisse. So kann es auch nicht befremden, dass sich sein innerer Blick lebhaft der realen Weltlage zuwandte, und dass er sich von der Aufgabe, die ihm hier entgegentrat, in ähnlicher Weise erfasst fühlen musste, wie ein mitfühlender Arzt sich von der Aufgabe in der Marterstätte eines Lazareths erfasst fühlt. Es ist somit auch keine aus der Luft gegriffene Annahme, dass die Philosophie der Politik dasjenige Ressort ist, in das Mainländer mit seinem wärmsten und ureigensten Herzschlag einging. Seiling sagt schon: „dass Mainländers Philosophie, im Gegensatz zu Schopenhauer, der Politik mit ihrer furchtbaren Realität gerecht wird“ (A. a. O. p. 142). Das Capitel „Politik“, das reichhaltigste und vorzüglichste seines Hauptwerkes, zeigt schon, wo der Kern und Schwerpunkt seiner Geistesnatur liegt; noch nachdrücklicher und bestimmter zeigen dies seine Essays, die sich hauptsächlich mit der Beschaffenheit der socialen Verhältnisse beschäftigen. Und was seine Individualität am meisten bewegte, was seine Seelensaiten am häufigsten und lebhaftesten durchzitterte, das offenbaren uns die Essays überhaupt klarer als das Hauptwerk, und man gewinnt aus denselben die Überzeugung, wie sehr bei ihm — dies vielleicht ebenfalls im Gegensatz zu Schopenhauer — Lehre und Leben Eins ist, wie bei ihm das Wort Fleisch und Blut ist. Vorzüglich aus den drei letzten Essays über Socialismus tritt Mainländer's Individualität losgelöst von allem Irdischen, in der erhabensten Selbstlosigkeit, und in dem reinen Licht eines „weisen Helden“ entgegen, der unbewegt in seiner Selbstheit aber tief bewegt und von erstickendem Mitleid durchdrungen ist für das Leiden der Mitmenschen. Glühend wie eine Thränenlava, erschütternd wie ein blutiger Herzenskatarakt, strömt seine Betrachtung über das zertretene leidgepeinigte Menschendasein dahin.

J. Bahnsen's Realdialektik.

Der dritte hervorragende Willensmetaphysiker ist Julius Bahnsen. Er ist ein einheitlicherer Willensmetaphysiker, als die beiden Andern. Denn während Hartmann's Schöpfungsmacht schliesslich doch als eine unausgesprochene Dreieinigkeit angesehen werden kann (All-Eine, Wille und Idee), und während Mainländer die vorweltliche und untergegangene Einheit doch in substanzieller Zersplitterung neben dem Willen in der Immanenz fortwirken lässt, ist bei Bahnsen die realdialektische Bewegung des Willens die einzige schöpferische Macht.

Julius Bahnsen gehört zu diesen Märtyrern des Geistes, die dazu verurtheilt sind, in untergeordneter Lebensstellung und unter inferioren und verbohrten Mitmenschen, unverstanden zu verkümmern. Er war im März 1830 zu Tondern in Schleswig-Holstein, als Sohn eines Seminardirektors geboren. Nach absolvirtem Gymnasium studirte er — von 1847—49 — in Kiel Philosophie und Philologie. Darauf kämpfte er als Freiwilliger gegen die Dänen — alle drei Philosophen gehörten somit eine Zeitlang dem Militärstand an. Nach der Entwaffnung der Schleswig-Holsteinischen Armee flüchtete er nach Tübingen; und hier hörte er bei Vischer Ästhetik und bei Reiff Philosophie. Allein das Entscheidenste war für ihn, dass er hier mit den Werken von Schopenhauer bekannt wurde, in denen er begeisterungsvoll, wie in einem höheren Offenbarungsquell aufging. Der Aufenthalt in Tübingen, wo er sich 1853 den

Doctorgrad erwarb, wurde durch die reiche Fülle geistiger Anregungen, die ihm hier zuströmte, seine liebste Jugenderinnerung. Auf seinem öden Lebensweg sollte ihm, mitten unter herben Kämpfen und Enttäuschungen, noch eine zweite Epoche des Sonnenscheins aufgehen. Es war dies, als er nach Jahren drückender Hauslehrerstellung, durch die Berufung (im Jahre 1862) an die Bürgerschule in Lauenburg (in Pommern) seine geliebte Minnita Möller, Tochter eines Hamburger Patrizierhauses, in welchem er Erzieher gewesen war, zum Altar führen konnte. Nur ein kurzes Jahr währte das Glück dieser Ehe; doch blieb ihm seine erste Gattin für immer das Ideal hehrer Weiblichkeit, und ihr Bild inspirirte ihn zu der mit grosser Feinfühligkeit, und mit poesievollem Farbenduft ausgeführten „Email-Mosaik“; „die Anmuth und die Grazie“ (in Mosaiken und Silhouetten, Otto Wiegand, Leipzig 1877). „Als Hellas Götter in die Verbannung getrieben wurden, da zerstreuten sich die drei Charitinnen durch die Lande. Die feurigste der Schwestern zog gegen Osten als Odaliske . . . . . die gewandteste schweifte dann durch die Fluren Italiens und Frankreichs . . . . . die dritte aber und edelste hielt eine Zeit lang sich verborgen in den Hainen Germaniens und liess sich dann unter Waldesschatten als Kind dieses rauheren Himmelsstriches adoptiren; seitdem hat sie ihre Liebe behalten für trauliche Lauben und Nachtigallengebüsch.“ Seine, so zartsinnig unter dem Bilde der dritten Charitin verherrlichte Minnita, starb wenige Tage nach dem sie ihm ein Töchterchen geschenkt hatte, und es war gewiss ein in die einschneidenste Sichtbarkeit versetzter realdialektischer Act, dass er das Kind am offenen Sarge seiner Mutter taufen liess. Und doch spricht eine schwärmerische Innigkeit aus der Inscenierung dieses grauenvollen Gegensatzes. Übrigens sah Bahnsen vom Standpunkte des ewig in seinen Urelementen sich forttreibenden Geschehens aus, Leben und Tod als „ein simultanes Ineinander“ an, „ähnlich der beiden Lasten einer Drathseilbahn, die sich wechselweise auf und niederziehen“ (Reald. II. p. 425). Dass Bahnsen hinter dem stämmigen „Dithmarsertrotz“ und hinter der Kruste der Weltverachtung, ein warmes und poesievolles Innere barg, das verrathen unbewusst zahlreiche Stellen seiner philosophischen Schriften. Inmitten weitgeschnörkelter Vertragsweise steigt plötzlich ein anmuthiges plastisches Bild hervor, wie aus weitläufigen Quadern eine zierliche Arabeske. Als Beispiel der schöne Satz über Hartmann: „Mir geht die equilibristische Gewandtheit ab, die scheinbar regungslos verharren kann in schwebendem Balancement auf der Schneide der „Wahrscheinlichkeiten“ und damit zugleich die von dieser bedingte — oder sie bedingende — Fähigkeit dem Genius in Schiller's „Resignation“ nachzusprechen: mit gleicher Liebe lieb ich meine Kinder“ *) (Phil. d. Gesch. Berlin, Dunker 1872 p. 5). Bahnsen verblieb 19 Jahre, bis zu seinem im Dezember 1881 erfolgten plötzlichen Tode, in der drückenden Stellung eines Bürgerschullehrers in Lauenburg.

Trotz seines phantasiereichen Wesens und der ihm mächtig zuströmenden Gedankenfülle, hielt sich Bahnsen bei seinem philosophischen Construiren möglichst an die concrete Erscheinungswelt. Er vermied es daher, so weit als der metaphysische Weltgrund es zulässt, sich in Probleme zu vertiefen, welche für die Forschung unerreichbar sind und die sich den Erkenntnissmitteln des Causalitätsgesetzes entziehen. Fast möchte man hierin ein Zeichen der kernhaften Biederkeit sehen, die auch zu seinen Charakterzügen gehörte. Und so liess er sich denn auch in seinem philosophischen Lebenswerk: Realdialektik, der Widerspruch im Wissen und Wesen der Welt (II Bände Leipzig, Grieben 1880, 1882), wovon der erste Band eine Erweiterung seiner Philosophie der Geschichte, der zweite seine Ethik enthält, in gar keine apokryphen Theorien, in gar keine „Begriffsdichterischen“ Doctrinen, über das im ewigen Schweigen versunkene Mysterium des Weltanfangs ein, was auch das Unterlassen jeder combinatorischen Prognose über das Weltende mit sich brachte. Er motivirte die Unmöglichkeit das a parte ante und a parte post der Weltschöpfung er-

*) Bahnsen's Verhältniss zu Hartmann, gleicht dem von Nietsche zu R. Wagner; erst enthusiastische Verehrung, dann grollender Abfall.

klären zu können damit: dass der Wille Kraft, „Seinskraft plus eines Inhaltes" ist und dieser Inhalt ist das, was am Existirenden dessen Essens oder Subsistenz ausmacht, deshalb sei ein Wille ohne Entäusserung in einem Subsistirenden unfasslich. „Wir kennen den Willen nur als Wollenden — was er vor oder ausser seiner Erregung zum actualisirten Wollen sein mag, bleibt uns ewig verborgen" (Reald. I p. 188, 189 und Reald. II p. 37*). Da Bahnsen nur den Willen allein als einzigen Weltfaktor anerkennt, so musste ihm übrigens auch an einem initiativen Moment fehlen, das diesen zur Actualität sollicitirt hätte; somit gebrach es ihm auch an einer ursächlichen Supposition für das Postulat des Weltanfanges.

Mit der Anerkennung der Aseïtät des Weltprozesses ist auch die Anerkennung der gleich ursprünglichen Vielheit der empirischen Erscheinungen bedingt. Dem Willen ist ein Sichselbstentzweien ureigenthümlich. Die Individuation, die Vielheit, ist „das erscheinende Resultat jenes von Ewigkeit her vorhanden gewesenen Selbstentzweitseins, als Diremtion eines in sich gespaltenen und zwiespältigen Wesens" (Phil. d. Gesch. p. 49). Auch bei Bahnsen, wie bei den andern Willensmetaphysikern, sind Raum und Zeit die Prinzipia individuationis. Raum und Zeit sind „die differenzirenden Mächte, ohne welche das Ding an sich gar nicht Wille sein könnte" (Reald. II p. 105). Das Individuum besteht nach seiner Naturseite aus einer „socialeinheitlichen Concrescenz von Krafteinheiten" (ibd. p. 91). „Die Krafteinheiten" besagen schon dass Bahnsen's naturwissenschaftliches Grundelement oder Substrat, die Atome oder wie er es vorzieht, die Henaden bilden. Psychisch constituirt sich das Individuum als: „das als Object angeschaute Subject und das als ein subjectives gewusste Object", welches im Triebe, die ihm vom Uranfang an immanente Bezogenheit auf ein Anderes actualisirt. In der Unruhe dieses Triebes, welcher zur Rücksichtnahme auf das andere Individuum drängt, giebt sich das

*) Die Citate aus dem ersten Band sind der zweiten Auflage desselben entnommen.

Ens metaphysicum als das urspüngliche Bindeglied zwischen dem Selbst dieses Individuums und dem Selbst anderer Individuen kund.

Bahnsen's erkenntnisstheoretische Ausgangspunkte sind also der Individualismus, und dann der Empirismus; die Erscheinungen sind für ihn real gesetzte Wesenheiten. „Die Realdialektik setzt sich genau dieselben Schranken wie der Kant'sche Kriticismus: was ausserhalb des Erfahrungsbereiches belegen ist, existirt für sie nicht" (Reald. I p. 94, 101). Bahnsen nimmt, wie erwähnt, (ähnlich Mainländer) an, dass der Wille seinen Inhalt in sich selbst hat, was schon mit den obigen Worten ausgedrückt ist, dass der Wille „Seinskraft plus eines Inhaltes ist . . . . ." „Dass der Wille nicht schlechthin still steht, stagnirt, das dankt er nichts Anderem in der Welt, als seinem eigenen, zu Mitteln, Zwischen- und Endzwecken sich auseinanderlegenden Wesen" (Phil. d. Gesch. p. 12).

Aus der realdialektischen Bewegung des Willens, aus den Wirkungen der affermativen und negativen Willensseiten, entsteht im Bewusstsein das Motiv, „wie der Funke aus der Reibung zweier polarischer Körper." Das metaphysische Ens, das Grundwesen, ist nämlich im realen Widerspruch gegen sich selbst gekehrt. Dies ist das Urprinzip der Realdialektik. Näher, das Willenswesen äussert sich in der Seinsform antinomisch. Es verhält sich dabei gleich indifferent in den Gegensätzen von Ja und Nein, „und will, was es nicht will, und will nicht, was es will" (Phil. d. Gesch. p. 53). In der kosmologischen Welt ist eigentlich dieser Antagonismus der Kräfte schon durch das alte Gesetz, der Attraction und Repulsion markirt. Bahnsen hat dieses Gesetz des Antagonismus in ähnlicher Weise verabsolutirt, wie Hartmann das früher schon in einzelnen Distrikten constatirte Unbewusste. Als physikalisches Beispiel für dasselbe führt er an, dass: das allgegenwärtige Licht absolut dunkel im schlechthin leeren Raum ist, und erst Licht wird im Anprall an ein Einzelseiendes (Reald. II p. 454).

Nach der psychisch-individuellen Seite jedoch genommen, wird die Doctrin der Synonymität von Wille und Vorstellung wird der Lehrsatz: dass der Wille selber das Wollende ist „und nur quâ wollender ist“ — wie dies Bahnsen in seiner Schrift: „zum Verhältniss zwischen Wille und Motiv“ (p. 10) ausspricht — kaum einer einwandlosen Annahme begegnen. Denn wir haben häufig Vorstellungen, bei denen der Wille vollständig indifferent oder latent bleibt: wäre es nicht so, dann müsste sich die aufreibende Gewalt des Lebens dermassen vervielfältigen, dass entweder die Welt eine allgemeine Irrenanstalt, oder der Bestand des Menschengeschlechts erschüttert wäre. Überdies heftet sich das Wollen an die Vorstellung nur vermöge eines Gespinnstes persönlicher Beziehungsfäden, somit durch eine Causalitätskette. „Die Sterne, die begehrt man nicht.“ Hätte übrigens Bahnsen recht, dass der Wille seinen Inhalt in sich hat, so wäre die Resignation — nämlich nicht als selbstüberwindender Verzicht, dieser ist ja auch ein Wollen nur ein negatives, sondern als Ersterber des Willens in Folge tiefinnerlicher Leiden — rein unmöglich.

Der Umstand, dass das Ansich der Weltsubstanz selbst entzweit ist, lässt schon befürchten, dass Bahnsen's Dialektik in keinem coordinirenden Verhältniss zur Logik steht, und in der That unterscheidet sie sich darin von Hegel's Begriffsdialektik. Bei Hegel war die Dialektik eine Form der Denkoperation, die Methode unter welcher er den Weltprozess erkannt wissen wollte. Der Widerspruch war ihm nicht „der absolute Kerngehalt des Seienden, sondern er war ihm das Durchgangsstadium des sich fortbewegenden Begriffs, der sich in der Synthese aufhob. Die Realdialektik explicirt jedoch die Thatsache der Negativität im Seienden selbst — nicht blos im Gedachten — als endlosen Prozess“*) (Reald. I p. 9). Und

*) Auch Venetianer nimmt eine dialektische Bethätigung des Weltgeistes, der Panpsyche, an („der Allgeist“ Berlin, Dunker 1874, p. 214-224), und er bezeichnet seine Dialektik ebenfalls als real, nicht wie die Hegel'sche; aber bei Venetianer ist die Dialektik weder logisch wie bei Hegel, noch antilogisch wie bei Bahnsen, sondern sie ist eigentlich beides zugleich, indem ein und dasselbe Motiv je nach seinen Beziehungen sowohl logisch als antilogisch sein kann; so kann N. und H. an sich absolut logisch sein,

während Hegel's Dialektik einer Überschätzung des Logischen, also der einzigen wirklichen Macht entstammt, nimmt die Realdialektik ihren Ursprung aus der Verzweiflung an einer logisch correcten Erkennbarkeit der Welt.

Würde das Princip des antilogischen Gegensatzes im weitesten Sinne den Weltprozess leiten, so müsste in ihm heillose Wirrniss die Zügel schiessen lassen, während sich doch unverkennbar Methode im Wahnsinn des leidgepeinigten und zwecklosen Weltdaseins offenbart. So entschieden es Bahnsen abweist (Phil. d. Gesch. p. 38), dass in der Welt ein logischer Faktor (die Idee) seine Selbstdarlegung in der Gliederung logischer Dispositionen vollziehe, so verschliesst er sich doch der Annahme nicht, dass dem Willen selbst irgend ein Moment inhäriren könne, welches den Widerspruch regelt und zum Gesetz einordnet. „Findet sich am Weltgang etwas dem logischen Grundschema Entsprechendes, so kann dies nur sein, weil und soweit der Wille selber schon als solcher im strengsten Sinne in seinem Ansich ein Logisches in sich schliesst.“ Das Urgesetz des Weltprocesses besteht im allseitigen Essentialwiderspruch des Willens. Innerhalb des Nebeneinanderbestehens der Widersprüche selber waltet das Gesetz der Identität, wonach Alles, was sich aus der widersprechenden Natur des Willens ergiebt, sich ohne Widerspruch mit logischer Nothwendigkeit ergiebt (Reald. I p. 106 und p. 93). Mithin kann, soweit der Wille in seinem widersprechenden Wesen treu und mit sich selbst identisch ist, von einer Gesetzlichkeit des Widerspruchs die Rede sein. Unbeschadet dieser formalen Ordnung, lässt sich das Essential geschehen, lässt sich die Welt der Wirklichkeit nun einmal von der dialektischen Betrachtungs-

---

aber jedes kann für ein anderes antilogisch wirken. Venetianer nennt daher seine Dialektik „neutral“ (p. 216), man könnte sie auch relativ Dialektik nennen.

In welcher frühen Zeit übrigens die Antithese etymologisch hervorgetreten ist, belehrt die vom Ägyptologen C. Abel gemachte Entdeckung, vom „Gegensinn der Urworte“ (Siehe Sprachwissenschaftliche Abhandlungen, Friedrich, Leipzig 1885).

weise aus nicht in das logische Schema einschieben; nur der wurmstichige Optimismus sucht sich an die Logik zu klammern, die Realdialektik kann dieser Krücke entrathen und sieht unentwegt dem antilogischen Widerspruch des Weltgeschehens in's Antlitz. Demnach und trotz dieser fundamentalen Überzeugung, sieht sie sich zu dem Zugeständniss bewegt, der aus der objectiven Welt eliminirten Logik ein Refuge zuzuerkennen, auf welches sie die Bethätigung ihrer Normen beschränkt, dieses Refuge ist das subjektive Denken. In der psychischen Individualität coexistiren die Antithese des Gefühls*) und die Logicität des Denkens. Da sich auf Seite des Seins die antilogische Realdialektik, auf Seite der Vernunft die Logik behauptet, so entsteht nun die Frage: wie bei einer solchen Incongruenz das Bewusstsein zur Kenntniss der Weltbeschaffenheit gelangen könne? Durch welche Hülfsmittel ein solcher Einblick in die äussern Dinge und Geschehnisse zu erreichen ist, dass die Realdialektik sich als „das Zauberwort des Weltverständnisses“ (Reald. I p. 26) bezeichnen konnte?

Die Realdialektik vermisst sich nicht dem Sein die Gesetze des Denkers aufdringen zu wollen. „Wo die realdialektische Natur des metaphysischen Grundwesens Erscheinungen hervorbringt, die sich nicht einrahmen lassen in die logische Congruenz, oder wo umgekehrt, die logischen Postulate von der Wirklichkeit ein Dementi erfahren, da hat das Denken sich vor dem Sein zu beugen“ (Reald. I. p. 105). Die Übereinstimmung von Denken und Sein ist um so eher zu erreichen je mehr sich das Denken der antilogischen Natur des Seins anzupassen sucht. Es bedarf der Einsicht, dass man mit der bloss vernünftigen Erkenntniss nicht auskommt. Als die Realdialektik sich dessen bewusst geworden, „brauchte sie die Annahme nicht zurückzuweisen, in ihr sei eine Erkenntnissstufe erreicht, welche historisch ihre Vorbedingungen erst in der Gegenwart erfüllt sehen können“ (ibd. p. 87). Aus der ursprünglichen Enge des Blicks, welche zunächst nur die logisch rechtläufige

*) Diese behandelt Bahnsen besonders in seinem hochbedeutenden zweibändigen Werk: „Beiträge zur Charakterologie“ Leipzig, Brockhaus, 1867.

Seite am Wirklichen zu erkennen gestattete, gelangt man durch einen subjektiv innerlichen Evolutionismus der Begriffe, zum Erfassen der Zwiespältigkeit des realen Seins.

Die realdialektische Weltauffassung involvirt den metaphysisch gegründeten Pessimismus; denn sie entstammt ja der Erkenntniss, dass der Wille in ewiger Qual gegen sich selbst gekehrt ist, dass „der Riss mitten durch das Herz der Welt ging."

Nicht genug dass das actuelle Sein grundschlecht und durch und durch elendlich und jammervoll ist, so wird es auch unabänderlich in aller Ewigkeit bleiben. Das brennendste Gift der realdialektischen Weltanschauung liegt in der Erlösungslosigkeit. Das Ganze der Welt ist ein ewig zerstörendes, und ewig erzeugendes Ursein. Der Moder wird zur Brutstätte, und so geht es Äonen-Cyklen fort. Die Summe alles Universalgeschehens ist rück- und vorwärts gleich endlos. Im ziellosen Werden der Welt stimmt Bahnsen mit Spinoza überein. Das Lasciate ogni speranza ist darin fundirt, dass in der Unrast des ewig vereitelten Wollens die Essentia des Willens besteht.

In Bahnsen's metaphysisch begründetem Pessimismus, fluthete auch der nicht minder begründete empirische ein. Dieser entquoll einerseits aus seinem warmen Mitgefühl für das unbarmherzige Leidensgeschick der Menschheit überhaupt; andererseits entstammten seinem subjektiven Schicksal gar zu reiche Anreizungen zur Verbitterung und zur skeptischen Trostlosigkeit. Hauptgrund derselben war die schroffe Discrepanz zwischen seinem hohen, überlegenen Geiste und der dünkelvollen Beschränkung seiner philisterhaften Mitbürger, die ihm kränkende Zurücksetzung und vielfache Enttäuschungen bereiteten. Wie sehr Bahnsen in dieser unerquicklichen Verödung, in dieser inneren Isolirtheit, bei der er sich sein lebenlang als angefeindeter Fremdling fühlte, nach einem verständnissinnigen Verkehr gelechzt hat, ist in dem Werth ausgedrückt, den er einem solchen beimisst; das höchste Glück, sagt er, das für ihn überhaupt denkbar sei, ist: „sich von einem Anderen ganz und voll verstanden zu wissen" (Reald. II. p. 210). Immer dämonischer bohrte ihm das Schicksal die Krallen in's Fleisch, und welche Verzweiflungstöne sich den zerrissenen Saiten seiner Seele entrangen, berichten der Moirologische Anhang zum II. Bd. der Realdialektik und das 1879 erschienene „Pessimisten-Brevier." „Extractum vitae von einem Geweihten." Im Erstern erörtert er auf Grund der Frage: ob auch im extraindividuellen Zufall realdialektische Gesetze walten? Die Elemente und Stationen des Menschenlooses. Das Leben spinnt sich am Grenzgebiet der Moirologie (Schicksalskunde) und des Zufalls ab; in jener besteht durch Verknotung der selbstständigen Henaden und deren Wechselcorrelationen eine empirische Abhängigkeit. Der Zufall ist das von aussen Hinzugekommene, das auch „die auf's beste durchdachten Pläne in der Richtung ihrer Ausführung durchschneidet." Der realdialektische Bestandtheil im Zufall ist schon allein dies, „dass das Grösste meistens ohne unser Zuthun zu gelingen pflegt und umgekehrt, das warme Interesse, das eifrige Bemühen um eine Sache eben das ist, wodurch es in ihrem Fortgang geschädigt wird" (II. p. 459). Zu allen Zeiten war und bei allen Völkern ist die Ironie des Zufalls bekannt, die nichts Anderes ist als das realdialektische Moment im Geschick*). Das Schicksal hat Lieblinge und Prügelknaben, den letztern wird manchmal eine Scheingunst gewährt nur um ihre Schmerzfähigkeit zu verlängern. Den Teufeln scheint dann Macht gegeben zu sein über ein Men-

*) Als Beispiel für die Ironie des Geschicks, bringt Bahnsen eine Mittheilung aus der „Gartenlaube" über eine Antithesenkette aus dem Leben von Thiers, „der doch wahrlich nicht zu den dummen Thoren gehörte." „Ein Saturn im Frack, muss er Alles bekämpfen und zerstören, was er einst ersehnt, erstrebt, erkämpft: Verfechter der constitutionellen Monarchie arbeitet er dem Kaiserthum vor durch Rückführung von Napoleon's Asche — und als es da ist, schreit er Lärm — und er, der einst zu Becker's Rheinlied den Anstoss gegeben, muss gegen Krieg mit Deutschland sprechen — dem der Frieden von Luneville ein Act weiser Mässigung schien, muss den von Frankfurt schliessen, und der Paris zur Festung gemacht, muss es selber erstürmen lassen." Wem fällt bei dieser Paraphrase des „sich in seinen Zwecken widersprechenden und wider sich selber arbeitenden Willens," nicht das erschütterndste und glänzendste Beispiel der Ironie des Geschicks ein, nämlich König Odypus von Sophokles?

schengeschick, ihre neckischen Launen treiben noch einmal in das Blendwerk einer neuen Rettungshoffnung hinein, blos damit das Gezerre noch weiter könne ausgedehnt werden.

Subjektiver, unmittelbarer und noch herzzernagender sind die Stimmungsergüsse im Pessimisten-Brevier. „Wer sieht, dass alles nichts hilft, dass er nichts thun kann zur Verwirklichung seiner besten Zwecke, der muss wohl zuletzt die Hände resignirend in den Schooss legen und über sich ergehen lassen, was der Lauf der Dinge ohne oder wider sein Zuthun mit sich bringt. — In solcher Stimmung verliert man allmählig den Massstab für Grosses und Kleines, Wichtiges und Unwichtiges. Denn alles kleidet sich dann in die gleiche Farbe eines weggeworfenen Mühens —, grässlich grau grinst einem dann die verleidete Welt an —!“ Und immer höher schwillt die gallige Fluth: „Ehe ihr über unserem Schmerz so klüglich zu raisonniren Euch herausnehmt, probirt es selber, wie es thut, wenn Jahre her auf alle Wünsche kein anderes Echo zurückschallt, als ein rauhes: Nein!“ Und hier die bis zur Raserei sich aufbäumende Lebensverhöhnung: „Sollte es nicht eine providentia specialissima geben! aber auch die eines Oberteufels, der für verstärkte Ablösung sorgt, sobald einer seiner unsauberen Geister endlich über unsere Schwelle zurückgebracht ist.“

Nur ein hochstrebender und edler Mensch kann sich, mit den zahllosen Wundmalen in der Brust, so höhnisch trotzig bäumen, ohne in der Hingabe an seinen Kultus zu wanken — „Eppur si muove“ — ohne von seinem Priesterdienst auch nur eine Linie breit zum Alltagsniveau hinabzugleiten. So lange man sich aber noch in solchen vehementen Ausbrüchen ergehen kann, röchelt wenigstens noch ein eudämonistischer Willensdrang; glimmt im ingrimmig zusammengeschnürten Herzen noch ein Lebensanspruch — was indireckt auch Bahnsen’s häufige Klagen über Misserfolge bestätigen. Nach einer weitern Geisselung erstirbt auch dieser Rest. Dann breitet sich im Innern eine Friedhofsstille aus; kein Hadern und kein Wollen regt sich mehr. Es ist alsdann vollbracht. Der kernfeste Bahnsen ist zu diesem Zustand besiegten Lebens, ausgerungenen Wollens, nicht gelangt, doch der lyrische Philosoph Mainländer gelangte dazu.

Bahnsen ist ein ungemein scharfsinniger, ja selbst in spitzfindigen Windungen sich verlierender und höchst origineller Denker, und der ihm zuquellende Gedankenreichthum gestattet seiner Spitzfindigkeit, die entlegensten Beziehungen heraus zu finden. Allein er hat dabei eine unausgeglichene und abspringende Art der Darlegung, die nicht von Vortheil ist, die aber das Resultat der innern Zerklüftung und Verdüsterung sein dürfte. Neben seiner hervorragenden Bedeutung als Philosoph und neben seiner Grösse als ganz eigenartiger pädagogischer Psycholog, die seine „Beiträge zur Characterologie" so glänzend documentiren, besass er offenbar auch dichterische Veranlagung, wenn gleich diese unausgewirkt blieb. Schon seine furchtbare Leidensfähigkeit zeigt von grosser Sensibilität, eine Bedingung für dichterische Begabung, zu der noch seine überreiche Phantasie hinzukommt, und hinter seinen schwergewundenen speculativen Gedankenvoluten vibriren oft die Harfentöne einer weichen poetischen Gefühlsweise. Und das von Ewigkeit her unerschöpfliche dichterische Motiv: das Weib und die Liebe, ist von ihm mit eben so viel ästhetischer Anschauung als mit der ihm eigenen Schärfe der Sondirungskraft, nach allen Strahlenbrechungen des psychischen Focus geschildert worden. (In Beitr. z. Charactlg. Bd. II p. 297—325. und Reald. II p. 129—179 und p. 387). Folgendes diene als Beleg für den Feinsinn seiner psychischen Analyse: „Das Ewig-Weibliche" beruht in der Art wie man das Leiden des Lebens erträgt. . . . . Und ist allein nur denjenigen eigen, die aus der unpersönlichsten innersten Quelle die Kraft zu dulden und zu entsagen schöpfen. Das „Ewig-Weibliche" besitzt das ganz in sich verbleibende Gemüth, das seiner unhoffenden Glaubenslosigkeit sich selber kaum bewusst wird . . . . . „Ein Seufzer halb und halb Gebet" durchzittert ihm das verschwiegene Fühlen." — „Die Weiber sind die Coulissenaufsteller im Drama des Lebens — sie haben für die Decorationen und zuweilen auch für die Situationen zu sorgen — und dazu sind sie um so besser tauglich, je mehr es ihnen überall am Herzen liegt: den Schein zu retten. Nirgend soll Ärmlichkeit hervorgucken, — nicht aus zerrissenen Kleidern, nicht aus liegen gebliebenen Speiseresten, und im Leide noch keuscher als der Mann, pressen sie auch fester als er das blutaufsaugende Gewand gegen die offene Wunde ihres Busens.“ (Btg. z. Charg. p. 305 und 317). Bei den feinen Aperçue's über die Liebe befindet sich Bahnsen recht con amore in seinem antithetischen Fahrwasser*). Bemerkenswerth ist seine Äusserung (Reald. II. p. 160): dass Schopenhauer's Schule nicht durch ein leeres Ungefähr zur Realdialektik geführt habe, sondern „auf Grund der Specialität, in welcher der Meister seinen Jüngern vorgearbeitet hat für das Problem des Doppelbegriffes der Liebe.“ . . . Weder das Fühlen noch das Wollen, noch beider Einheit in der Leidenschaft, trägt bei andern Relationen einen so durchsichtig realdialektischen Character wie zwischen Mann und Weib.“ (ibd. p. 129.) Er definiert das Problem der Liebe als das Vertauschen der Rollen von Wille und Motiv (Willensgefäss und Willensinhalt): „Der Wille findet am Andern seinen Inhalt, und giebt sein eigen Wollen hin an das Fremde — und was hier positiv geschieht, tritt in negativer Form im Hasse auf.“ (ibd. p. 169). Die Wechselbeziehung der Liebe mit dem antithetischen Element des Hasses ist eine nahe und heftige, Bahnsen stützt sich mit offenbarer Befriedigung darauf, dass auch der Basler Philosoph Nomundt zur Einsicht gelangt ist (in „der Mensch und die Erkenntniss“), dass Liebe und Hass sich unausweichlich gegenseitig durchdringen. (Früher als diese beiden Philosophen sprach Shakespeare die gleiche Ansicht mit den strikten Worten aus: „I love and hat her!“ Cymb. Act III Sce, V). „Liebe ist nur möglich, wo sich Getrenntes, Geschiedenes, Gegensätzliches vorfindet, also das Princip des Streites und des Hasses sich bereits heimisch gemacht hat; und umgekehrt, kann auch Hass nur da vorhanden sein, wo gegen-

*) Übrigens spricht es auch Hartmann aus (in Religion d. G. p. 154), dass jedes Gefühl nur da möglich sei, wo auch sein Gegentheil ist, Liebe nur wo Hass, Langmut nur wo Ungeduld etc. etc.

seitiges Interesse und eine gewisse innerliche Zusammengehörigkeit vorhanden ist. (ibd. p. 160). Das Gefühl der Liebe kann nicht nur das des Hasses ausbrüten, sondern der unversöhnlichste und brennendste Hass entstammt der auseinander gegangenen Liebe. Bahnsen citirt hierbei den Ausspruch Sacher Masochs im „Vermächtniss des Kain“: „Hast du je grösseren Hass gesehen als zwischen zwei Menschen, welche einst Liebe verband? Hast du irgendwo mehr Grausamkeit und weniger Erbarmen gefunden als zwischen: Mann und Weib?“

Dass Bahnsen's realdialektische Prinzip sich überhaupt als eminent fruchtbar für die Erklärung psychischer Vorgänge und Stationen erweist, davon gibt namentlich sein zweibändiges Werk „zur Charakterologie“ ein glänzendes Zeugniss. Wie trefflich er oft den Einheitspunkt des Entgegengesetzten findet — worin ja das Kriterium der realdialektischen Natur liegt — besagt gleich dieses: Solche, die alles durchgekostet und genossen, und solche, die alles durchgelitten, was Welt und Leben bieten, werden in gleicher Weise apathisch; „jene mag man verlebt, diese zerlebt nennen“ (Charlg. II. p. 276). Von den Principienlehren der drei Willensmetaphysiker hat Mainländer's Princip: die Bewegung, die nur eine formale Seinsbedingung, nur ein Actualitäts-Modus, aber kein substantialer Faktor ist, die geringste Bedeutung für das psychische Bereich. Hingegen hat dieses auch Hartmann durch seinen Fundamentalfaktor, dem Unbewussten, mit einem mächtigen Erklärungsprinzip bereichert; unbeschadet, dass das Unbewusste in manchen psychischen Departements, wenn auch unter anderer Benennung, schon bekannt war. Bahnsen's und Hartmann's Principien können jedoch durchaus nicht für einander vicariren, noch viel weniger können sie unter einen Hut gebracht werden; zeigt Bahnsen die Instanz, wo das Kainsmoment eines unversöhnlichen Pro und Contra jede Seelenregion durchsetzt und zu ewiger Friedlosigkeit verdammt, so zeigt Hartmann die Instanz, von der aus der höhere Funke in das graue, jämmerliche Mühen dringt.

Von ihren entgegengesetzten Standpunkten aus, stimmen jedoch die beiden Philosophen in ihren Ansichten über ein

Problem, nämlich in den Ansichten über das Wesen des Weibes, mehrfach zusammen; so stimmen sie in dem psychisch-ethischen Urtheil zusammen: dass der Frau die Palme der Priorität in der Gefühlsmoral gebühre. Und Beide sprechen sich würdigend über das Vorwiegen der reinen Intiution in ihr aus. Von Hartmann haben wir es bereits angeführt, dass er in verschiedenen seiner Schriften die Unmittelbarkeit des naiven weiblichen Wesens als die Herberge des Unbewussten bezeichnet; und Bahnsen schreibt: „Es ist sicherlich nicht bloss Mangel an logischer Klarheit, sondern vielmehr die Intensität“ ihrer intuitiven Auffassung, was die Realdialektik durchweg an Weibern überzeugtere und verständnissvollere Anhänger gewinnen lässt, als an den kritisch befangeneren Männern“ (Reald. II. p. 130).

Bahnsen's Verdienste gipfeln darin: Die Position der Realdialektik in der Geschichte der Philosophie geschaffen zu haben; und dann durch die in seiner „Charakterologie“ niedergelegten scharfsinnigen Sektionsbefunde aus der Welt der Innerlichkeit, die empirische Psychologie mit überaus werthvollen Schätzen bereichert zu haben. Bahnsen hat unter allen Willensmetaphysikern die beste und klarste Erklärung der Characterverschiedenheit geliefert, indem er sie auf die Coencidenz vom Grad der Willensenergie mit einer präponderirenden Intellektual-Eigenschaft zurückführt. Von ganz besonderem Werth und besonderer Schönheit sind die Abschnitte über Temperament (im I. Bd.), und über „die Antinomien des Gemüths (im II. Bd.). Durch Mischungsverhältnisse der vier Grundelemente: Spontaneität, Receptivität, Impressionabilität und Reagibilität, bringt er 16 verschiedene Temperamentsarten heraus. Die descriptiven Typen derselben sind Meisterstücke einer prägnanten Analysirungskunst. Eben so zeigt auch die Bestimmung der antinomischen Richtungen des Gemüths und die Ausscheidung der Merkmale derselben, eine über allen Ausdruck scharfe und feine Secirungsfähigkeit.

Es gehört zu den gewinnenden Seiten in Bahnsen's speculativem Construiren, dass er das von Hartmann und Mainländer zum blossen Mittelzweck degradirte Individuum, in die Dignität des Selbstzwecks eines für sich seienden Willenswesens einsetzte. Die Individuen sind Einzelzwecke; damit ist ihre metaphysiche Rechtstellung proclamirt. Als phänomenale Prügelknaben, die nur dazu da sind, um sich für die Erlösung des Absoluten abzurackern, sind sie nicht einmal zum Pessimismus berechtigt, weil ihnen jeder selbstgeltende Seinsgrund mangelt. Nach Bahnsen darf jedoch die individuelle Willensessenz als eine selbstgeltende angesehen werden. Das empirische Sein der individuellen Selbstheit bedingt die Relation mit andern Selbstheiten. Ausser der existentiellen Bezogenheit, besteht, durch den letzten Endes doch monistischen Seinsgrund, auch eine metaphysische Bezogenheit der Essentia. „Die Persönlichkeit ist das Urwesentliche, das sich in schlechtsinniger Isolirtheit gar nicht denken lässt und damit schliesst sie von vorneherein den Widerspruch in sich, ein eben so sehr Abhängiges als Selbstständiges zu sein. Hier gilt, womit Hegel in abstract verbaldialektisch ontologischen Zusammenhang Unfug getrieben hat, als eine evidente Urwahrheit, dass Eines das Andere — ein Alter das andere Alter mitsetzt“ (ibd. p. 12).

In dieser Bezogenheit wurzelt Bahnsen's Ethik. Seine Ethik constituirt sich aus dem Widerspruch von Selbstlosigkeit und Selbstbehauptung. Ohne Selbstlosigkeit sind die Märtyrer für Recht nicht denkbar. Daraus geht schon hervor, dass auch für Bahnsen die Hingabe an ein ausserpersönliches Interesse, an eine Idee, das Kriterium und das Wesenhafte der ethischen Forderung ist. Das gebieterische Sollen gibt der Aufforderung zur Hingabe an die Idee Nachdruck. Bahnsen's ethische Sollen erheischt die Abnegation des Egoismus zu Gunsten der Mithenaden; da aber jede Henade in ihrem innersten Kern zerklüftet ist, so steht der Selbstverleugnung die Selbstbehauptung entgegen. Es wäre Gefahr dass die letztere, dass der selbstische Trieb, blind und rücksichtslos über Stock und Stein seine Zwecke verfolge, wenn nicht auch der sittliche Trieb so wurzelfest dem Willen inhärirte, dass der selbstlosen That die Selbstbejahung entspringt, die sich als

Befriedigung über das Handeln kund gibt; während aus dem Nichtwollen der gleichwohl vom Willen verübten That, der Selbstvorwurf oder die Reue über die unsittliche Handlung resultirt.

Da die Gegensätze von gut und bös, von sittlich und unsittlich, objektiv und in ihrer realdialektischen Bedingtheit genommen gleichwerthig sind, wie dies überhaupt vom Standpunkt der metaphysischen Entäusserung jede Affirmation und Negation ist, und da es dazu an einer absoluten Subsistenz, als Antrieb der sittlichen Bethätigung fehlt, so ergiebt sich, dass im subjektiven Innern, wo die Selbstbefriedigung der selbstlosen Handlung als erhebender, der Selbstvorwurf (Reue) der egoistischen Handlung als ein niederdrückender Zustand empfunden wird, auch das Tribunal für das Verhalten residirt.

Das ethische Phänomen ist demnach, sowohl seiner Herkunft als seiner innersten Natur nach, mit dem ästhetischen nahe verwandt; das Essentiale von Beiden ist die reine Interesselosigkeit, der in sich beruhende Selbstzweck. In beiden Zuständen, in dem der sittlichen Befriedigung, wie in dem der ästhetischen Contemplation, erhebt sich das Individuum in heiliger Stimmungsweihe über die dunstvoll trübe Sphäre des Eigenwillens.

Wie auf Bahnsen gemünzt erscheint Schiller's Wort in der „Braut von Messina“: er sehe hinab in das aufgelösste Spiel des unverständlich krummgewundenen Lebens.“

Über Susanna Rubinstein:

Susanna Rubinstein wurde am 15. September 1847 in Czernowitz in der Bukowina als Tochter eines österreichischen Reichsratsabgeordneten geboren. Vom damaligen österreichischen Studenten Karl Emil Franzos, der später als Schriftsteller und Publizist Bekanntheit erlangte, wurde sie auf die Maturitätsprüfung vorbereitet. Im Jahre 1870 nahm sie ihr Studium der Psychologie in Prag auf und führte dieses in Leipzig und Bern fort. 1874 erhielt sie die Doktorwürde mit einer Arbeit über „Die sensoriellen und sensitiven Sinne". Ihr weiteres Schaffen wurde häufig krankheitsbedingt unterbrochen – dennoch veröffentlichte sie verschiedene Aufsätze in Fachblättern sowie unter anderem die Schriften „Psychologisch-ästhetische Essays I. & II."(1878-84), „Aus der Innenwelt (1888), „Zur Natur der Bewegungen" (1890) und „Ein individualistischer Pessimist: Beitrag zur Würdigung Philipp Mainländers". Letztere erscheint ebenfalls im SEVERUS Verlag unter der ISBN 978-3-942382-69-4

Ebenfalls im SEVERUS Verlag erhältlich:

Susanna Rubinstein:
Ein individualistischer Pessimist
Beitrag zur Würdigung Philipp Mainländers
SEVERUS 2010 / 125 S. / 24,50 Euro
ISBN 978-3-942382-69-4

Susanna Rubinstein reflektiert in ihrer Monographie über Philipp Mainländer einen Ausschnitt aus dem Denken des radikalen Pessimisten und deutet seine Ideen philosophiehistorisch im Kontext der Lehren Schopenhauers und Kants. Dabei gelingt es ihr, Mainländer von dem Etikett des „Schopenhauerschülers“ zu befreien, welches die Literatur- und Philosophiegeschichte ihm angeheftet haben.
„Ein individualistischer Pessimist“ ist das Anerkennen einer Weltanschauung sowie die Huldigung der besonderen Persönlichkeit Mainländers, die ganz mit der Lehre des Pessimismus und des Nihilismus verschmolzen war.

www.severus-verlag.de

Ebenfalls im SEVERUS Verlag erhältlich:

Julius Binder
Grundlegung zur Rechtsphilosophie
Mit einem Extratext zur
Rechtsphilosophie Hegels
SEVERUS 2010 / 272 S./ 29,50 Euro
ISBN 978-3-942382-29-8

"Als Mitinitiator des Neuhegelianismus war Julius Binder (1870 - 1939) einer der bedeutendsten Vertreter auf dem Gebiet der Rechtsphilosophie. Die Fundamente seiner Philosophie des Rechtes entwickelte er in der vorliegenden Schrift. Ergänzend befindet sich zudem ein Beitrag zur Interpretation der Hegelschen Rechtsphilosophie in diesem Buch. Binder wurde am 12. Mai 1870 in Würzburg als Sohn einer Juristen- und Theologenfamilie geboren. Nach dem Studium der Rechtswissenschaften in München und Würzburg habilitierte er sich 1898 und wurde anschließend außerordentlicher Professor in Rostock, Erlagen, Würzburg und Göttingen. Binder verstarb am 28. August 1939 in Starnberg bei München."

www.severus-verlag.de

Ebenfalls im SEVERUS Verlag erhältlich:

Theodor Elsenhans:
Fries und Kant
Ein Beitrag zur Geschichte und zur systematischen Grundlegung der Erkenntnistheorie
SEVERUS 2010 / 380 S. / 39,50 Euro
ISBN 978-3-942382-36-6

Theodor Elsenhans präsentiert mit seiner Habilitationsschrift eine systematische und kritische Auseinandersetzung mit den Lehren J.F. Fries. Er unternimmt den Versuch, den extremen Realismus sowie den präempirischen Apriorismus dadurch zu überwinden, indem er die experimentelle Erzeugung von Erkenntnisformen mit dem Wissen von ihrer absoluten Gültigkeit vereint.

Dieser Band umfaßt den historischen Teil, der als Vorbereitung der eigentlichen Untersuchung gilt. Er beleuchtet das Verhältnis der Friesischen Erkenntnistheorie zu derjenigen Kants kritisch-objektiv und dient nicht nur zur vollständigen Erklärung der Friesischen Philosophie, sondern trägt darüber hinaus auch zum Verständnis der Kantischen Philosophie bei.
Das besondere an Elsenhans Untersuchung ist, dass er darüber hinaus mit der Konstruktion einer Erkenntnistheorie aufwartet, die auf der Auseinandersetzung mit den Lehren Kants beruhen, jedoch vom Standpunkt der Problemstellung seitens Fries erfolgen.

www.ingramcontent.com/pod-product-compliance
Lightning Source LLC
LaVergne TN
LVHW010936110826
845149LV00013B/2629
* 9 7 8 3 9 4 2 3 8 2 7 0 0 *